Anna Bauer

Statement STRICKEN

Originalausgabe unter dem Titel *Hönsestrik – a love story STICKA MÖNSTER PÅ DITT SÄTT*, erschienen bei: © 2020, Roos & Tegnér AB, Schweden

© 2020 Anna Bauer (Text, Fotografien und Musterbibliothek)
Fotografien: Anna Bauer (Seiten 18–19, 21, 22, 25, 30, 33, 39); Camilla Engman und Björn Hellström – ENGMAN HELLSTRÖM (weitere Fotos), die Fotos wurden bei Konstepidemin in Göteborg aufgenommen
Grafik (auch für das Cover): Kristin Lidström
Redaktion: Sophia Lundquist

Für die deutsche Ausgabe
Verantwortlich: Helgrid van Impelen
Übersetzung: Britta Bettendorf
Lektorat: Stephanie van der Linden
Produktmanagement und Satz: VerlagsService Dietmar Schmitz GmbH
Umschlaggestaltung: Leeloo Molnar
Herstellung: Kathleen Baumann
Printed in Slovakia by Neografia

★★★★★

Sind Sie mit diesem Titel zufrieden? Dann würden wir uns über Ihre Weiterempfehlung freuen. Erzählen Sie es im Freundeskreis, berichten Sie Ihrem Buchhändler oder bewerten Sie beim Onlinekauf.
Und wenn Sie Kritik, Korrekturen oder Aktualisierungen haben, freuen wir uns über Ihre Nachricht an Christophorus Verlag, Postfach 40 02 09, D-80702 München oder per E-Mail an lektorat@verlagshaus.de.

Unser komplettes Programm finden Sie unter

www.christophorus-verlag.de

Die Deutsche Nationalbibliothek verzeichnet diese Publikation in der Deutschen Nationalbibliografie; detaillierte bibliografische Daten sind im Internet über http://dnb.d-nb.de abrufbar.

ISBN 978-3-8410-6649-7

Besuchen Sie uns im Internet:
www.christophorus-verlag.de

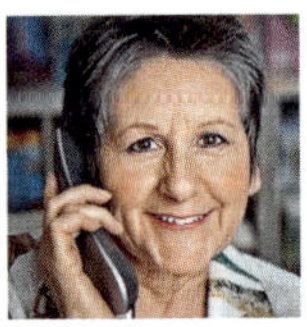

Kreativ-Service

Sie haben Fragen zu den Büchern und Materialien? Frau Erika Noll ist für Sie da und berät Sie rund um alle Kreativthemen. Rufen Sie an! Wir interessieren uns auch für Ihre eigenen Ideen und Anregungen. Sie erreichen Frau Noll per E-Mail: **mail@kreativ-service.info** oder Tel.: **+49 (0) 89.13 06 99 577**

Besuchen Sie uns im Internet: www.christophorus-verlag.de

Inhalt

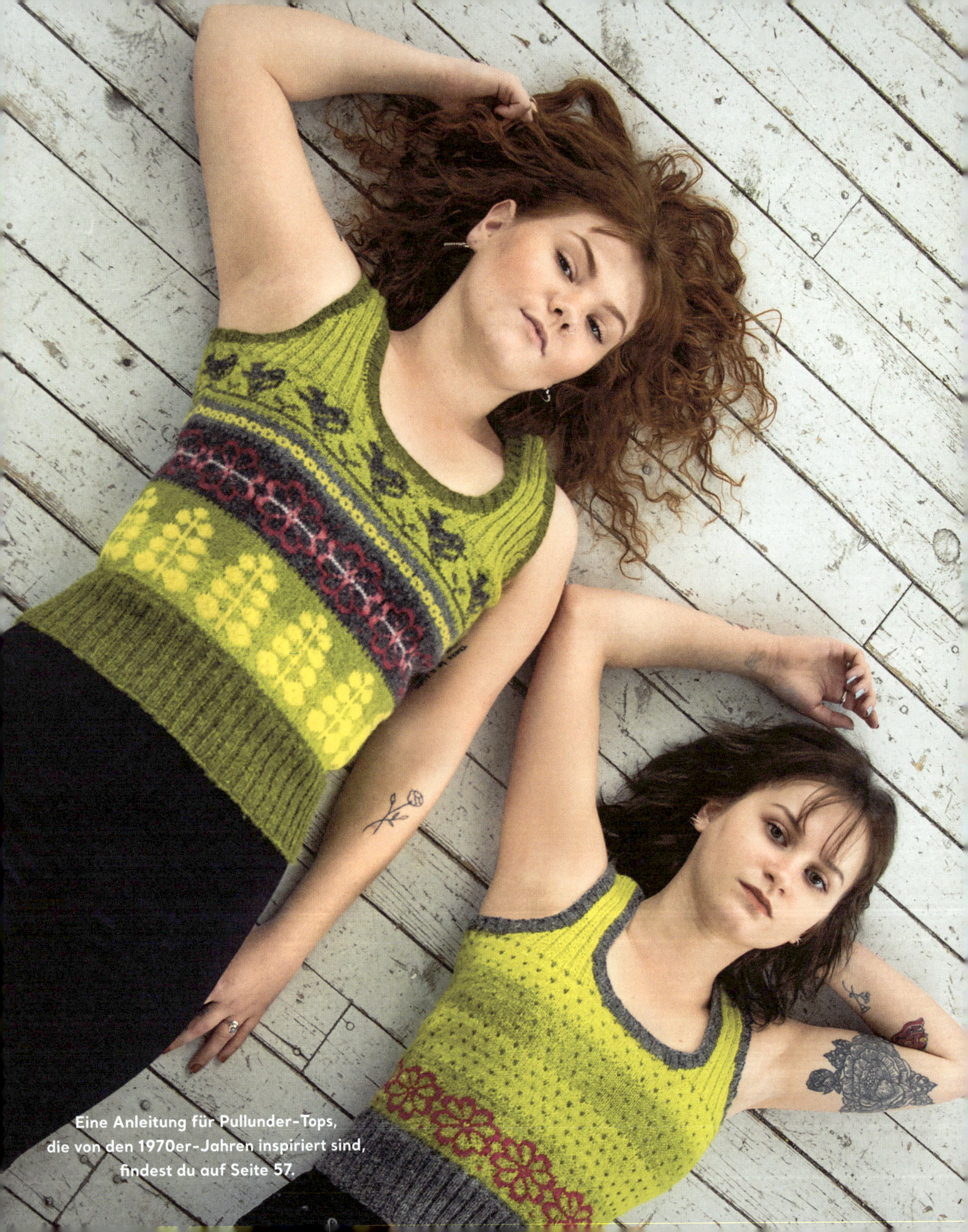

Eine Anleitung für Pullunder-Tops,
die von den 1970er-Jahren inspiriert sind,
findest du auf Seite 57.

Hönsestrik – a love story

Natürlich hatte ich auch zuvor gestrickt, aber als ich *Hönsestrik* entdeckte, eskalierte mein Strick-Enthusiasmus unmittelbar. Mit einem Vergnügen, das an Besessenheit grenzte, nahm das Stricken bald einen Gutteil meiner Zeit am Tag und manches Mal meiner Träume in der Nacht ein. Irgendetwas daran fühlte sich unheimlich vertraut an. Plötzlich erinnerte ich mich an Ausschnitte aus flimmernden Super-8-Filmen mit mir selbst als sehr kleinem Mädchen – in einem Pullover mit Häuserreihen, Vögeln und enorm weiten Ärmeln. Einem *Hönsestrik*-Pullover. Später fand ich jenen kleinen Pullover in meinem Kindheitsheim wieder.

Dieses Buch ist meine persönliche Huldigung an das Phänomen *Hönsestrik* und die freie Schaffensfreude. Es beinhaltet hilfreiche Anleitungen für 12 Grundmodelle und eine große Anzahl Bordüren und Jacquardmuster, die wiederholt werden. In manchen der Beschreibungen bilden deine eigenen Maßangaben die Ausgangsbasis, und du entscheidest immer selbst, mit welchen Mustern und Bordüren du deine Strickarbeit gestaltest.

Es ist befreiend zu stricken; selbst neue Farben und Muster auswählen zu dürfen, mit der Oberfläche des Kleidungsstücks als einer leeren Leinwand, die es mit dem zu füllen gilt, was man mag und wofür man sich begeistert. Sich von der Lust und in gewisser Weise auch vom Zufall leiten zu lassen. Es gibt Sicherheit, einer durchdachten und gut geschriebenen Strickanleitung zu folgen, und mit etwas Glück schnappst du dabei auch ein paar neue Tricks auf, mit denen du dein Repertoire ergänzen kannst, daran ist nichts verkehrt. Ich stricke auch manchmal nach genauer Anleitung. Oft bin ich mit dem Ergebnis sehr zufrieden, aber das Erlebnis ist nicht dasselbe. Lass es uns mit einer Reise vergleichen. Nach vorgegebenem Muster zu stricken ist wie eine All-Inclusive-Reise. Sicher, du weißt genau, was du bekommst, aber Überraschungen bleiben eben aus. Nach seinem eigenen Kopf zu stricken gleicht mehr einer Interrail-Reise, bei der du immer wieder neu entscheidest, wonach dir gerade ist. Nichts ist vorgegeben.

Ich finde, es ist Zeit, das Stricken wieder freizulassen. Genieße das Unvorhergesehene, lass die Bande los und begib dich auf aufs Glatteis! Die Möglichkeit des Auftrennens bleibt schließlich, wenn sich etwas nicht gut anfühlt. Stricken kann so viel sein: politisches Statement, Entspannung, Gemeinschaft und nicht zuletzt eine schwindelerregende Entdeckungsreise in deine eigene Kreativität.

Hönsestrik und Guerilla-Handwerk

Mitte der 70er-Jahre wollte die Dänin Kirsten Hofstätter ein Buch darüber herausgeben, wie Stricken als ein Werkzeug im politischen Kampf fungieren konnte. Weil sie selbst in der Frauenbewegung aktiv war, ging sie mit ihrer Idee zum politischen Verlag *Den röde hane* – der rote Hahn, wo sie mit der Begründung abgewiesen wurde, dass Stricken nichts mit Politik zu tun hätte. Daraufhin gründete sie kurzerhand ihren eigenen Verlag *Hönsetryk* – Hühnerdruck – und gab ihrem ersten Buch den Titel *Hönsestrik*, also Hühnerstricken.

Der Titel verlieh dem Stil seinen Namen, und *Hönsestrik* wurde zu einem Begriff, der ein Eigenleben entwickelte und für eine ganze Generation von Stricker*innen stilbildend wirkte. Charakteristisch sind die farbenfrohen Bordüren mit verschiedenen Jacquardmustern und die in das Kleidungsstück eingestrickten Botschaften: die geballte Faust im Zentrum des Feminismus-Symbols, das Peace-Zeichen, und daneben Muster, die ihren Ursprung in traditioneller Volkskunst aus allen Teilen der Erde hatten. Später veröffentlichte Hofstätter weitere Bücher zum Thema.

Sie forderte zu freiem Stricken als politische und persönliche Botschaft gegen die Konsumgesellschaft auf, aber auch als Weg, sich von der Handarbeit früherer Generationen mit ihren vielen Regeln freizumachen.

Die 70er-Jahre waren eine politische Zeit. Aufs Land zu ziehen, das eigene Essen selbst anzubauen, seine Kleider selbst herzustellen und auf alle möglichen anderen Arten Selbstversorger zu sein, war Bestandteil einer grünen Welle. Diese grüne Welle ist inzwischen in gewisser Weise wieder zurück, doch ebenso wie tatsächliche Wellen, die einander ähneln, aber niemals identisch sind, verhält es sich auch mit dieser neuen grünen Welle. Sie ist urbaner, wir beschäftigen uns mehr mit dem Anbau in der Stadt, mit Fermentierung, Mikrobrauereien und mit Kompostierung im Miniformat.

Hönsestrik hat in jüngster Zeit – immer noch mit kräftigen Farben und stark politischem Einschlag – ein Revival erlebt und innerhalb des Guerilla-Handwerks neue Dynamik erhalten. Ein Beispiel dafür ist die amerikanische Künstlerin und Fotografin Lisa Anne Auerbach, die zu stricken begann, als sie sich ihrer Dunkelkammer entledigte. Auch bei Auerbach steht die politische Botschaft im Zentrum. Diese wird ihrer Meinung nach verstärkt, wenn man sie am Körper trägt. Im Jahr 2012 hatte sie in der Kunsthalle Malmö eine Ausstellung, bei der das gesamte Personal Pullover mit ihrer Botschaft darauf trug. Als beispielhaft kann auch die schwedische Künstlerin Lina Niklasson gelten, die ihre gestrickten Werke mit Humor und Treffsicherheit die Gegenwart kommentieren lässt.

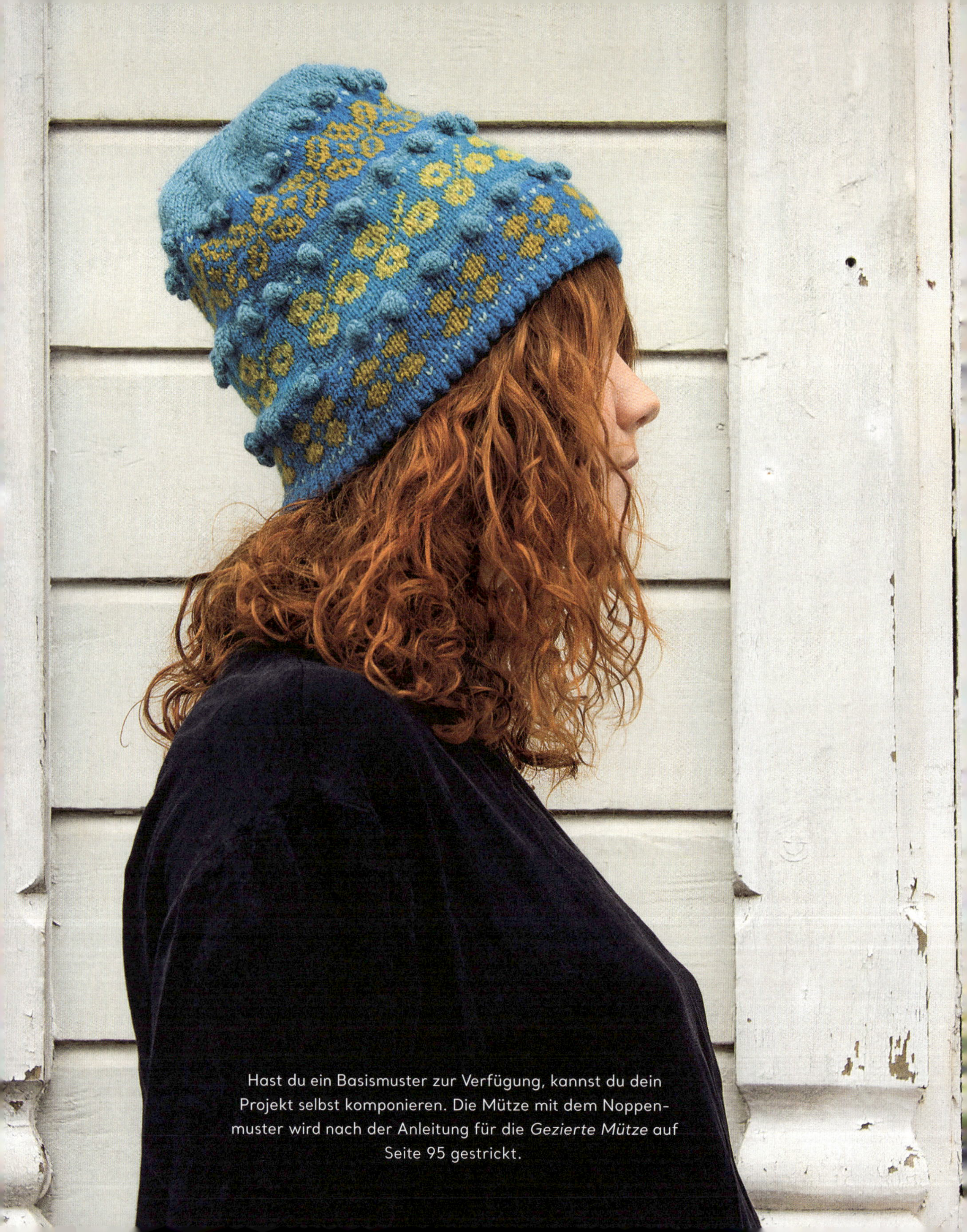

Hast du ein Basismuster zur Verfügung, kannst du dein Projekt selbst komponieren. Die Mütze mit dem Noppenmuster wird nach der Anleitung für die *Gezierte Mütze* auf Seite 95 gestrickt.

Inspiration

Dein Strickprojekt – deine Regeln

Etwas zu schaffen ist wie ein Spiel im echten Leben. Genau wie im Spiel entscheidest du selbst über deine Regeln, darüber, ob sie immer oder nur gerade hier und jetzt gelten. Etwas zu schaffen heißt, seine Antennen zu sensibilisieren und zu lernen, sie nach innen wie nach außen zu richten. Es heißt, seinen Blick zu trainieren und während des Prozesses aufmerksam zu beobachten, wohin dieser führt und ob manche der Ideen, die immer wieder am Rande auftauchen, es wert sind, weiterverfolgt zu werden. Lass deine Angst, einen Fehler zu machen, deiner Kreativität nicht im Weg stehen. In deinem kreativen Raum bestimmst du, was richtig ist.

Denk daran, dass es Stricktraditionen, aber keine Strickregeln gibt.

Finde deinen Weg

Was ist dir beim Stricken wichtig? Ist der Prozess das Interessante? Zu sehen, wie etwas entsteht, oder die Freude darüber, eine Idee zu verwirklichen? Das warme Gefühl, etwas Einzigartiges für jemanden zu schaffen, der dir wichtig ist?

Beobachte aufmerksam, was du magst, was dich motiviert und auch, was dich dazu bringt, einer Sache überdrüssig zu werden. Wir alle haben unvollendete Projekte, sogenannte *UFOs* (*unfinished objects*, siehe auch Seite 13) herumliegen. War es die Wolle, die du nicht so recht mochtest? Waren es zu viele langweilige Reihen, die einfach nur glatt rechts gestrickt werden sollten? Lag es an der Fadenspannung?

Selbst habe ich festgestellt, dass ich es etwas kompakter mag, und dass ich sehr gerne Jacquardmuster stricke. Ich mag keine glatte Wolle, die mir durch die Finger gleitet, und es macht mir nicht so viel Spaß, zweimal dasselbe zu stricken. Und ich mag es überhaupt nicht, mit Baumwollgarn zu stricken.

Sei vorbereitet

Wenn dir der Anfang schwerfällt, denk einmal darüber nach, was dich bremst. Du findest immer die Gelegenheit zu stricken, wenn du die Hindernisse minimierst. Dein Projekt sollte greifbar sein, in einem Korb neben dem Sofa oder in einer Stofftasche, die du aufhängen kannst und zur Hand hast. Nimm dein Strickzeug immer mit. Und schon fühlt sich die Wartezeit auf den Bus oder im Wartezimmer plötzlich wie *quality time* an. Sogar eine hoffnungslos lange Warteschleife am Telefon kann unerwartetes Strickvergnügen bescheren.

Ein wenig Ordnung in seinen Stricksachen zu haben, macht die Hemmschwelle auch niedriger. Es ist einfach, sich selbst ein Futteral für Sockennadeln und gerade Stricknadeln zu nähen, und ein gutes Geschenk für strickende Freunde ist es auch. Wie allerdings Rundstricknadeln – abgesehen von laufenden Projekten – praktisch aufbewahrt werden können, ist noch immer ein ungelöstes Problem, soweit ich weiß.

Ich habe jedenfalls ein großes Strickfutteral für all meine Stricknadeln und ein kleines Mäppchen mit den Nadeln, die ich gerade verwende, mit einem Maßband, einer kleinen Schere, einer Stopfnadel und anderen Dingen, die ich vielleicht brauche. So ist es einfach, das Strickzeug mitzunehmen und loszulegen, sobald sich die Gelegenheit bietet.

Bist du mehr rock'n'roll, kannst du es auch wie meine Freundin Johanna machen und dein Strick-Stash in einem alten Werkzeugkasten aus der Autowerkstatt aufbewahren. Weniger geeignet zum Mitnehmen vielleicht, aber zu Hause praktisch und übersichtlich.

Der soziale Aspekt des Strickens

Wenn unsere Hände zu tun haben, ist der Gesprächsfluss ein ganz anderer, unbekümmert und persönlicher, als wenn wir mit einer Tasse Kaffee vor uns dasitzen und einander anstarren. Die Hobelbank und der Webstuhl lassen sich schlecht mitnehmen, aber das Strickzeug kannst du beinahe immer dabeihaben. Ich stricke überall, außer in der Badewanne. Das habe ich nicht ausprobiert – noch nicht …

Auch wenn ausreichend viele von uns alt genug sind, sich an die Zeit vor dem Internet zu erinnern, ist es doch ziemlich schwer nachzuvollziehen, dass das Stricken früher ein recht einsames Handwerk war. Natürlich haben strickende Menschen sich zu allen Zeiten getroffen und zusammen gestrickt, aber was das Internet, global gesehen, für die Gemeinschaft in der Strickwelt getan hat, hat einen unglaublichen Beitrag dazu geleistet, wie Stricken heute abläuft.

Ich liebe die große Strick-Community in den sozialen Medien, und das vielleicht besonders auf Instagram. Wie viele kreative, lustige und inspirierende Menschen sich dort tagtäglich treffen! Wir teilen, was wir machen, bekommen Zuspruch und gute Ratschläge, und wir sehen, was andere tun und lassen uns inspirieren. Wir werfen mit Namen von Kleidungsstücken um uns, als wären sie gute Freunde: der Handschuh Gudrun und Strickjacken namens Flöjten, Siri und Palmetto. Weil die Muttersprache des Strickens im Netz Englisch ist, hat sich mit Begriffen wie *steeking*, *frogging*, *corrugated rib*, *magic loop* und *UFO* auch ein neues Strickvokabular entwickelt. Nerdiger und witziger geht es nicht!

Alle Projekte im Buch haben am Ende der Anleitung einen Hashtag. Ich möchte alle, die aus diesem Buch stricken, ermuntern, ihn zu verwenden, sodass wir uns einander mitteilen, einander inspirieren und inspirieren lassen können – und sehen, wie unterschiedlich unsere Projekte geworden sind!

#honsestrikalovestory

Sprachevolution

STEEKING: Technik, bei der ein rundgestrickter Pullover in der Mitte zu einer Strickjacke aufgeschnitten wird

FROGGING: beschönigende Beschreibung für das Aufribbeln einer Strickarbeit

UFO: ein unvollendetes Projekt (*unfinished object*), das schon eine ganze Weile ruht

CORRUGATED RIB: ein zweifarbig gestricktes Rippenbündchen

MAGIC LOOP: Kleinere Projekte werden mit einer langen Rundstricknadel anstelle von einem Nadelspiel gestrickt. Die Technik kann auch angewandt werden, wenn man zwei identische Strickstücke, wie z. B. ein Paar Socken, parallel stricken möchte.

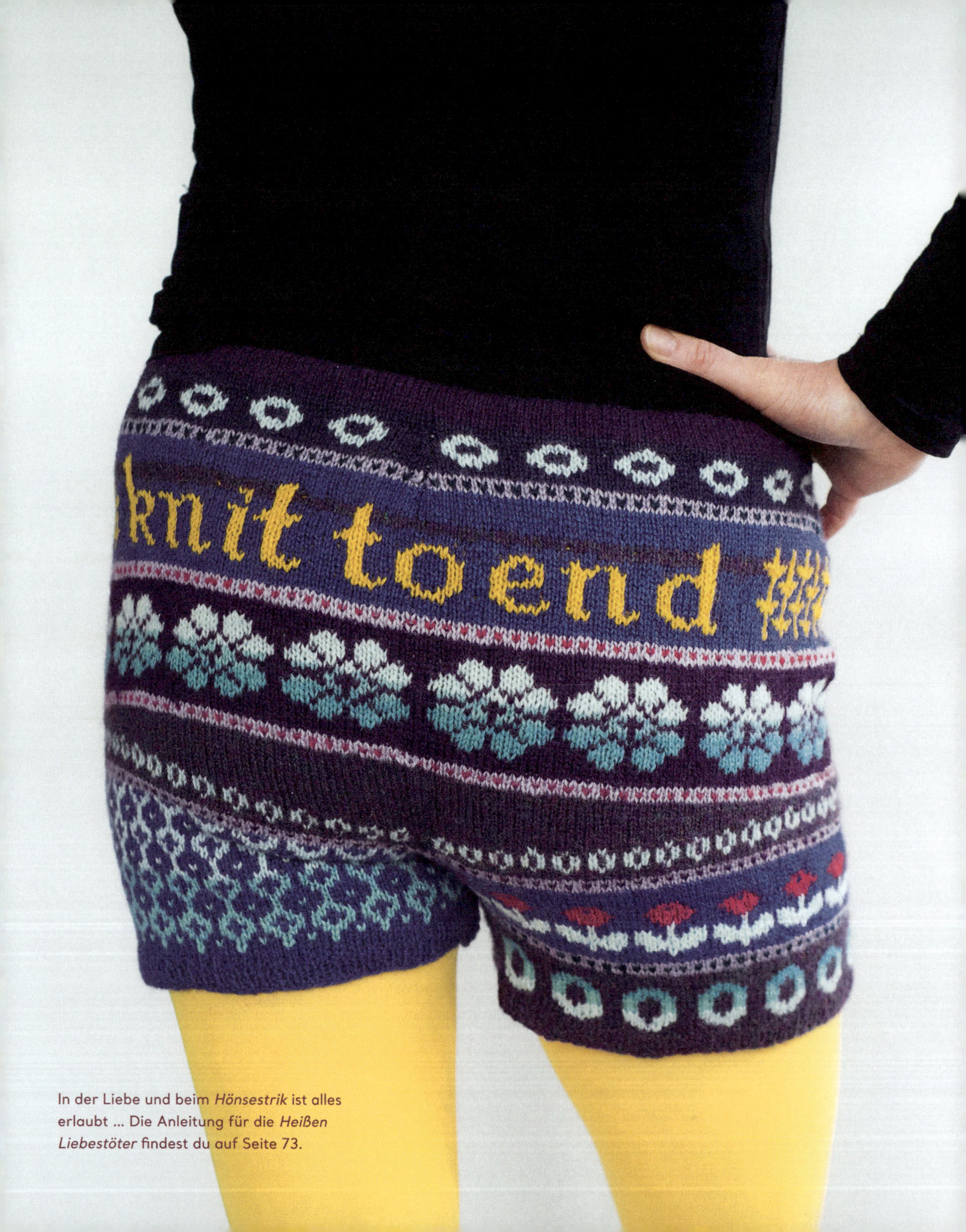

In der Liebe und beim *Hönsestrik* ist alles erlaubt ... Die Anleitung für die *Heißen Liebestöter* findest du auf Seite 73.

Technik

Rechten und linken Maschen wohnen unendlich viele Möglichkeiten inne. Es ist ihre Wiederholung, die den Zauber ausmacht. Du musst nur die Grundlagen kennen, schon kannst du viel bewerkstelligen. Und nach und nach gibt es noch viel mehr zu entdecken, denn auch wenn ich an jedem Tag der Woche allen das freie Stricken ans Herz lege, so lässt es sich nicht leugnen, dass dir, je mehr Techniken du beherrschst, auch mehr Mittel zur Verfügung stehen, um deine Ideen umzusetzen. Deshalb gibt es im Buch eben doch ein Kapitel mit Techniktipps, die man vielleicht kennen sollte.

Die richtige Wolle

Die Wahl einer geeigneten Wolle ist von großer Bedeutung für ein gelungenes Strickerlebnis und ein ebensolches Ergebnis. Vertraue deinem Bauchgefühl und deinem Herz, und entscheide dich möglichst für Wolle von guter Qualität, wenn du es dir leisten kannst; du wirst ja vermutlich viel Zeit in dein Projekt investieren.

Auf der Banderole findest du wichtige Informationen über die Wolle. Dort steht, wie viel das Knäuel oder der Strang wiegt (meist 50 oder 100 Gramm), wer der Hersteller ist und woraus das Garn besteht. Auch die empfohlene Nadelstärke ist darauf vermerkt, doch diese Angabe ist mit Vorsicht zu genießen, denn die benötigte Nadelstärke hängt zum einen davon ab, wie fest du strickst, und zum anderen, was du mit der Wolle strickst. Ein locker gestrickter Schal erfordert z. B. viel größere Nadeln als die gemusterten Strickprojekte in diesem Buch.

Ich bevorzuge immer Garn aus 100 % Wolle. Eine Ausnahme mache ich nur bei Strümpfen, die durch einen geringen Anteil Nylon oder ähnliches Material strapazierfähiger werden.

Garnverbrauch

Wenn du Jacquardmuster strickst, ist der Garnverbrauch beinahe doppelt so hoch wie beim einfarbigen Stricken. Denk daran, wenn du Wolle kaufst! Ein dünnes Garn ist in der Regel weniger schnell verbraucht als ein dickes.

Meist ist es sinnvoll, alles Garn für eine Strickarbeit auf einmal zu kaufen, weil die Farbnuancen der Knäuel, je nach Farbbad, möglicherweise nicht identisch sind. (An der Partienummer auf der Banderole solltest du erkennen können, aus welchem Farbbad das Knäuel stammt.) *Aber* wenn du nach den Anleitungen in diesem Buch strickst, kannst du diese Faustregel vernachlässigen, weil die Projekte für eine Unmenge von Farben gedacht sind; eine vorzügliche Gelegenheit, Restwolle oder einsame übrig gebliebene Knäuel aufzubrauchen. Solange die Garne dieselbe Stärke haben, kannst du sie mischen, wie du möchtest!

Weil die Projekte in diesem Buch sehr unterschiedlich aussehen werden, wird nur eine ungefähre Gesamtmenge des Garns angegeben.

Das Maßband – dein bester Freund

Du solltest das Maßband immer griffbereit haben, wenn du strickst – und es verwenden!

Nimm genau Maß, wenn du für jemand anders als dich selbst strickst, damit du die Maße während der Arbeit immer wieder nachkontrollieren kannst. Meiner Erfahrung nach sind die meisten Leute nämlich nicht gewillt, wiederholte Anproben mitzumachen. Denk daran, eine dem Kleidungsstück angemessene Bewegungsfreiheit einzuberechnen. Soll es ein relativ eng anliegendes Kleidungsstück wie z. B. ein Pullunder werden, der unter eine Jacke passen soll, oder soll es ein dicker Pullover werden, unter dem einige weitere Schichten getragen werden sollen? Man kann auch ein Kleidungsstück ausmessen, das man mag, und dessen Maße verwenden.

Fadenspannung und die essenzielle Maschenprobe

Wir stricken unterschiedlich, manche von uns stricken locker und manche stricken fest. Um sicherzugehen, dass das fertige Kleidungsstück die richtige Größe hat, ist es deshalb sinnvoll, eine Maschenprobe zu machen, ehe du mit dem eigentlichen Strickprojekt loslegst. Das klingt vielleicht langweilig, aber es ist nicht so langweilig, wie einen ganzen Pullover zu stricken, der nicht passt …

So geht's: Beispielsweise 30 M auf einer (oder zwei) Stricknadel(n) in der Stärke anschlagen, wie sie auf der Banderole des Garns empfohlen wird. Eine Maschenprobe mit *derselben Stricktechnik* wie der für dein geplantes Projekt machen. Wenn du also etwas Gemustertes stricken möchtest, auch die Maschenprobe gemustert stricken. Wenn du vorhast, Hin- und Rückreihen zu stricken, stricke auch die Maschenprobe hin und zurück. Möchtest du in Runden stricken, tue das auch in der Maschenprobe.

Daran denken, dass Strickarbeiten mit Jacquardmuster sich im Vergleich zu einfarbigen IMMER zusammenziehen. Auch wenn du gleichmäßiger denn je strickst, werden sie immer etwas kompakter und auch weniger elastisch sein. Bist du unsicher, wie groß deine Stricknadeln sein

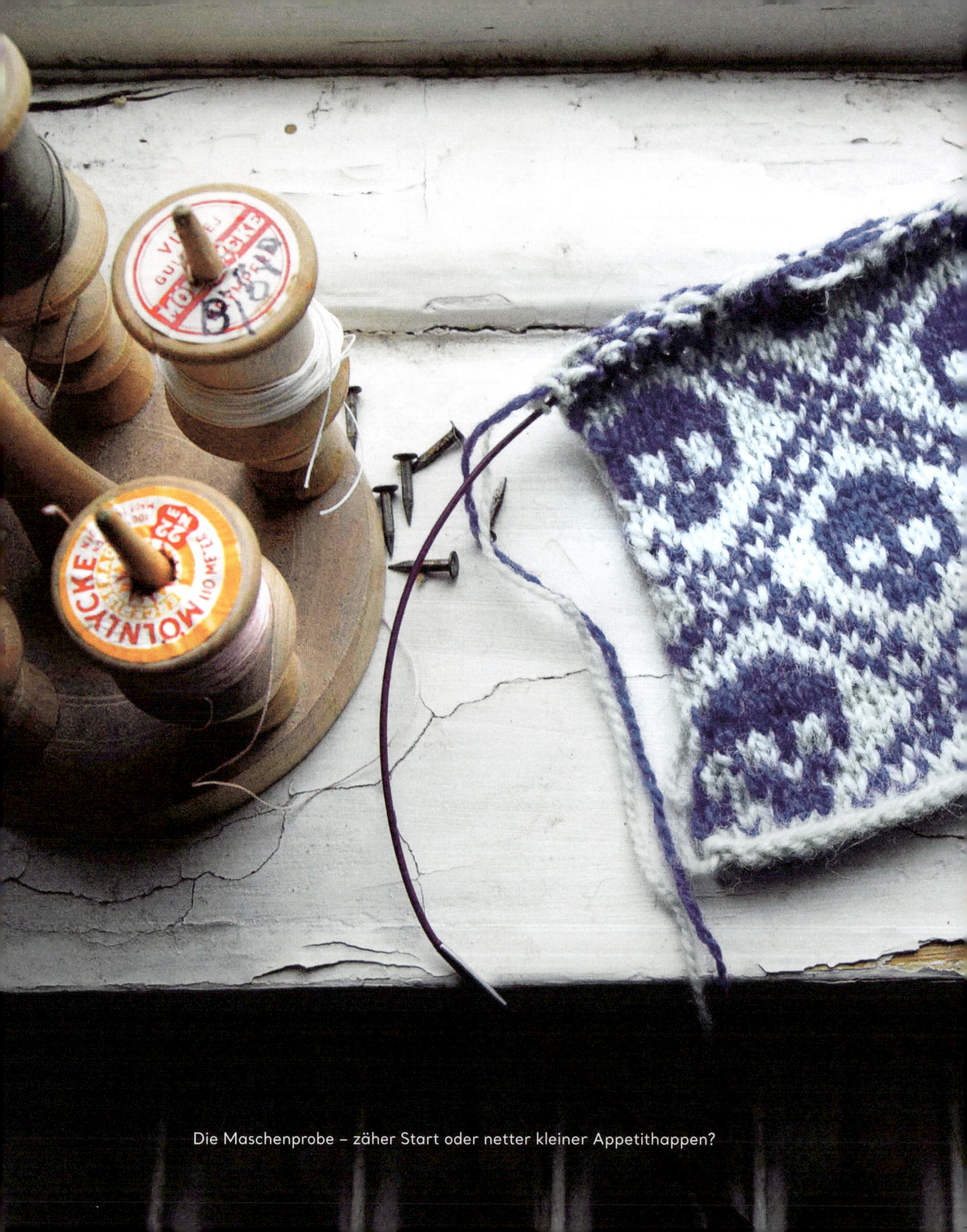

Die Maschenprobe – zäher Start oder netter kleiner Appetithappen?

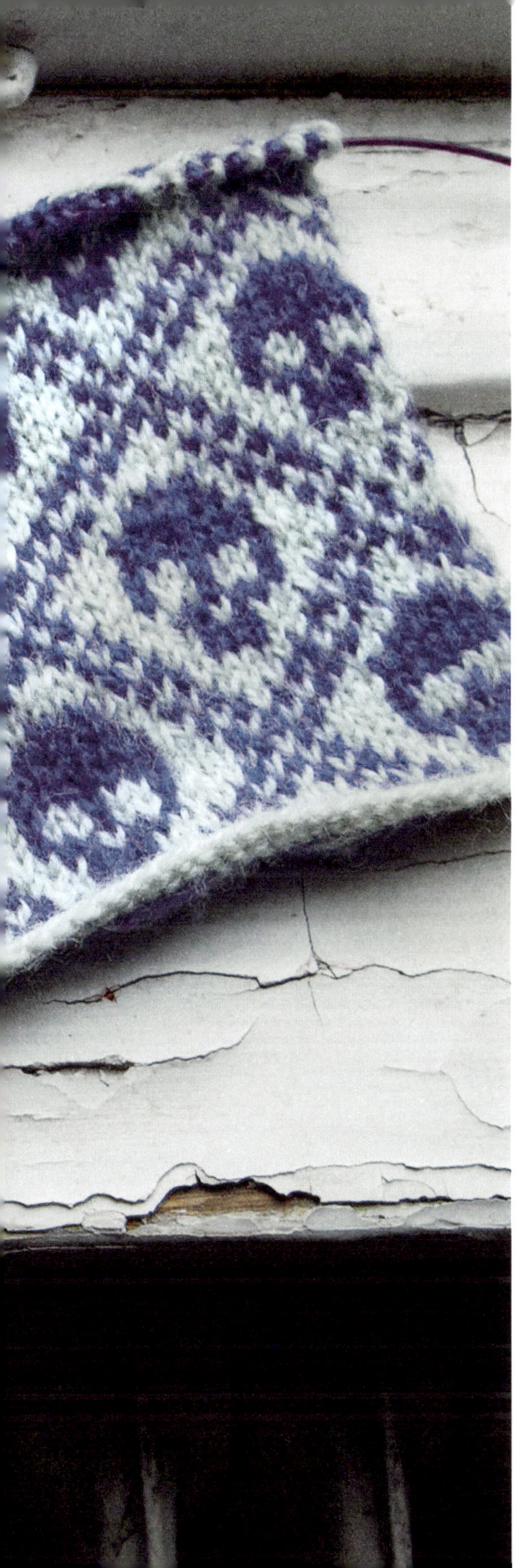

sollen, nach der Hälfte der Maschenprobe gegen andere Nadeln tauschen, um zu sehen, welche du bevorzugst.

Die Maschen abketten, mithilfe eines Maßbands die Maschen bis zur 10-cm-Markierung zählen und so deine Fadenspannung berechnen. Die Maße sollten mit den Angaben in der Anleitung übereinstimmen, damit die Größe letztendlich stimmt. Strickst du zu fest oder zu locker, dies durch Verwendung dünnerer bzw. dickerer Nadeln justieren. In diesem Buch dient dir die Fadenspannung auch zum Berechnen der Maschen für dein Projekt. Die Maschenprobe aufbewahren! Wenn ich Kurse gebe, sehe ich immer wieder, dass viele Teilnehmer*innen ihre Maschenproben sofort wieder aufribbeln, aber es kann sinnvoll sein, sie aufzuheben, um sie später wiederzuverwenden. Eventuell eine Notiz mit der verwendeten Nadelstärke daran befestigen.

Über Jacquardmuster

TECHNIKTIPPS

Es ist kein Wunder, dass Kleidungsstücke mit Jacquardmuster in kühlen Breitengraden früher so üblich waren – und es immer noch sind. Denn Jacquardmuster machen die Kleidung nicht nur schöner, sondern auch dichter und wärmer. Für Fischer, Bauern und auch alle anderen ist es schließlich lebenswichtig, die Wärme halten zu können. Früher wie heute. Dass die Musterpracht dafür sorgt, dass das Stricken selbst spannender wird, macht die Sache nicht schlechter. Jedes Land, und manchmal sogar jede Region, zeichnet sich durch besondere traditionelle Muster aus. Denk daran, wenn du nächstes Mal einen *lusekofta*, einen klassischen Norwegerpulli, siehst. Die *löss* (Läuse), die kleinen Punkte darauf, kommen nicht von ungefähr!

Beim Stricken von Jacquardmustern verwendest du zwei (oder mehr) Garne in unterschiedlichen Farben parallel. Am einfachsten ist es meist, mithilfe einer Rundstricknadel oder einem Nadelspiel in Runden zu stricken. Beide Fäden laufen dann die ganze Runde über mit.

Wenn du ein Muster strickst, bei dem größere Partien in einer Farbe gestrickt werden, ist es wichtig, den Spannfaden regelmäßig einzuweben, den Web- und Spannfaden also umeinander zu winden, um den Spannfaden zu fixieren und allzu lange hängende Fäden zu vermeiden. Ich stricke normalerweise höchstens vier aufeinanderfolgende Maschen derselben Farbe, ehe ich diese Technik anwende. Denk daran, in der nächsten Reihe den Faden *nicht* an denselben Stellen einzuweben, da sich dann nämlich leicht ein Spalt bildet, durch den die andere Farbe nach vorne durchscheint.

Wenn du Anfänger*in im Jacquardstricken bist, ist es sinnvoll, mit Mustern zu beginnen, die nicht so viele aufeinanderfolgende Maschen einer Farbe beinhalten. Je größer einfarbige Flächen sind, desto schwieriger ist es, ein gleichmäßiges Maschenbild zu bekommen.

Wenn du Jacquardmuster in Reihen stricken möchtest, empfehle ich dir, beide Fäden bis zur Randmasche mitzuführen. So sieht es hübscher aus, wenn du die Strickarbeit wendest und sie überall gleich dick ist.

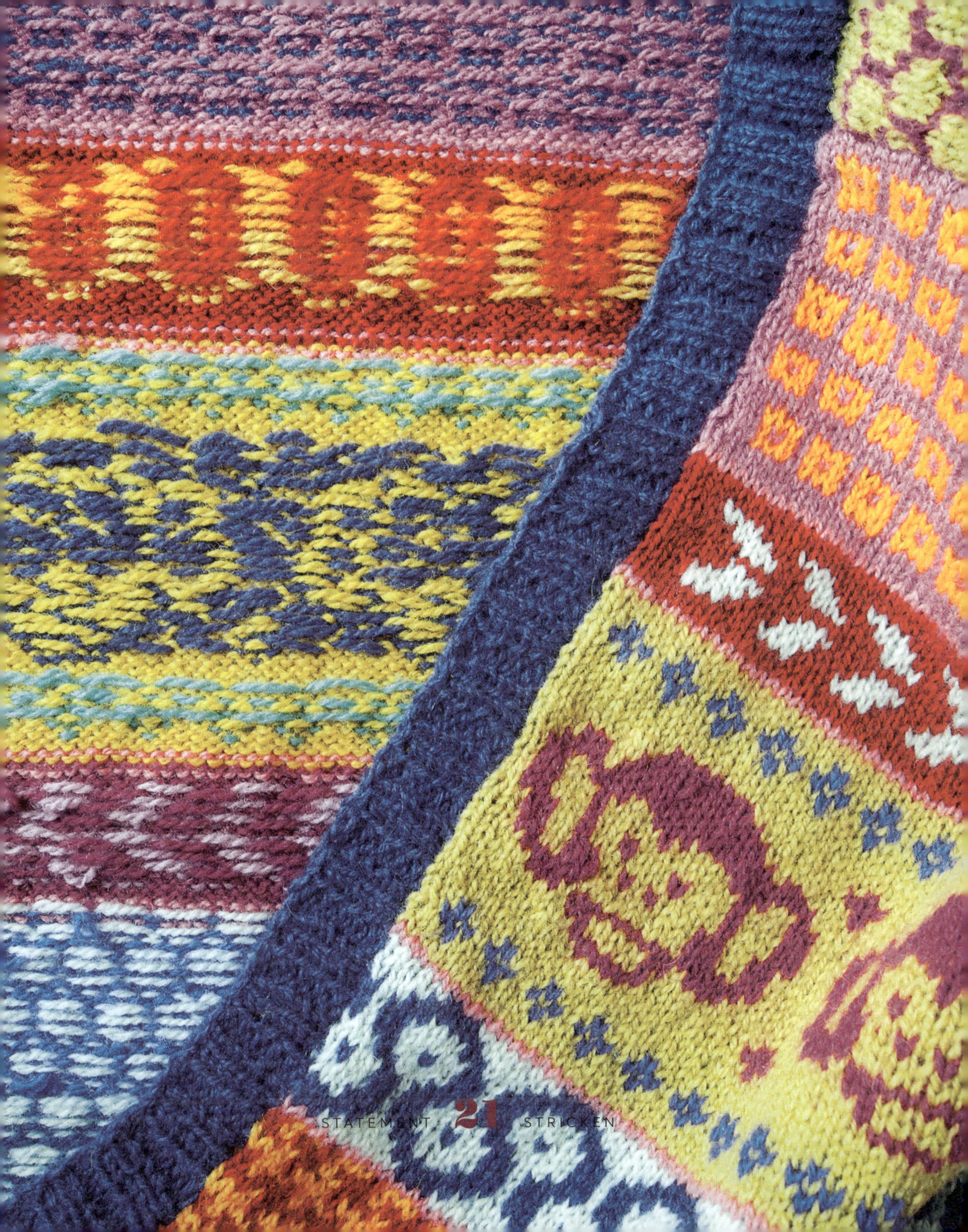

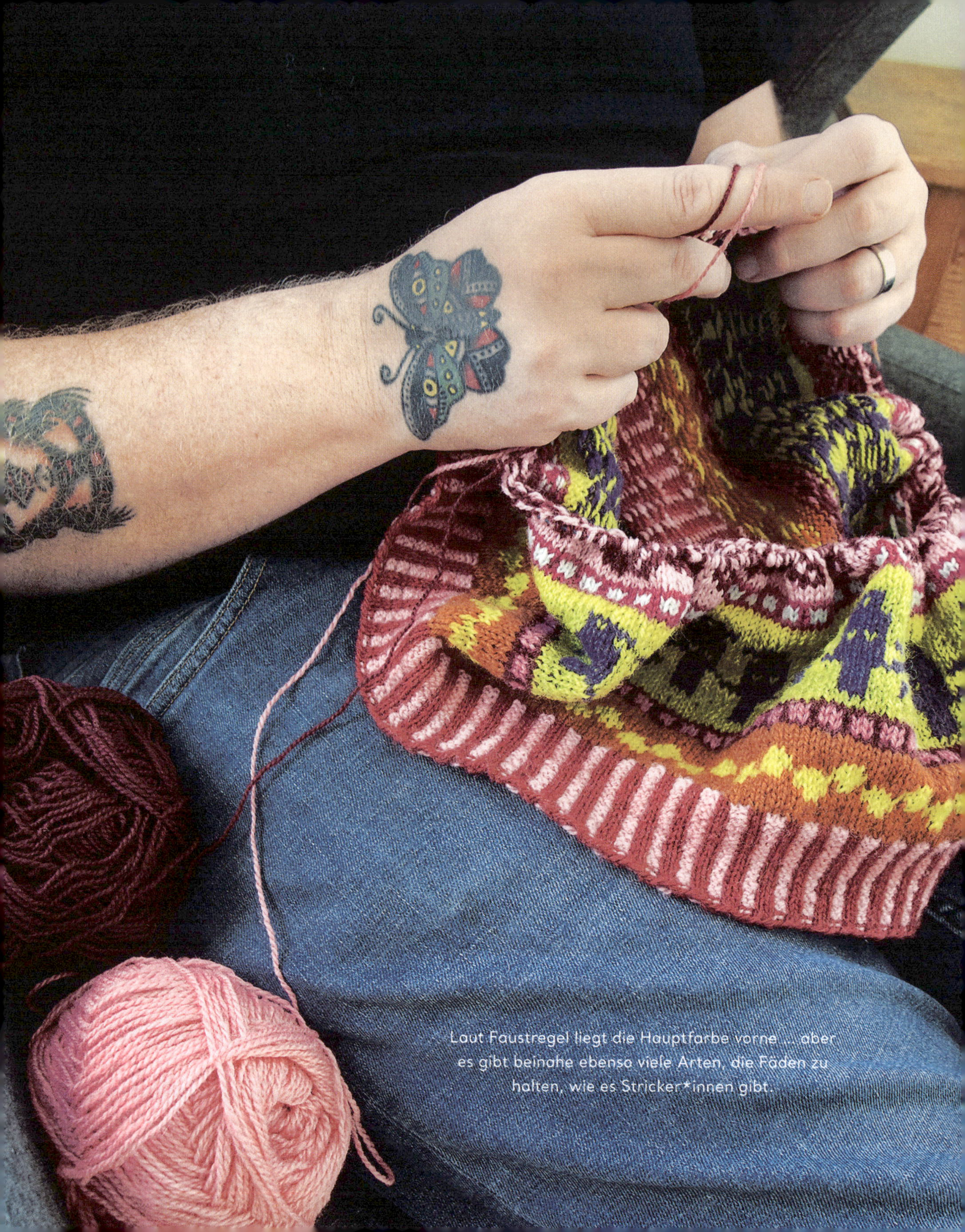

Laut Faustregel liegt die Hauptfarbe vorne ... aber es gibt beinahe ebenso viele Arten, die Fäden zu halten, wie es Stricker*innen gibt.

HAUPTFARBE VS. KONTRASTFARBE

Wenn du mit zwei Farben strickst, solltest du die Fäden so halten, dass die Hauptfarbe immer vorne und die Kontrastfarbe ganz hinten liegt. Die Maschen in der Kontrastfarbe werden immer *über* die Musterfarbe gehoben. Auf diese Weise wird die Hauptfarbe hervorgehoben und »sinkt« nicht im Hintergrund ein. Mach dies so konsequent wie möglich, es macht einen großen Unterschied!

Wie du die Fäden hältst, ist Geschmackssache. Manche mögen es, den einen Faden über dem Zeigefinger und den anderen über dem Ringfinger zu haben, andere bevorzugen beide Fäden über dem Zeigefinger. Probiere aus, was dir am liebsten ist.

ABNAHMEN

Maschenabnahmen können auf unterschiedliche Weise erzielt werden, und je nachdem, für welche du dich entscheidest, wird sich die Abnahme in die eine bzw. andere Richtung neigen. Die Abnahmen bei einem Raglanärmel beispielsweise nach innen in Richtung der Maschen zwischen den Abnahmen zeigen zu lassen, sieht ordentlicher aus und erzeugt die typische Raglanlinie.

Eine normale Abnahme wird gearbeitet, indem man die Stricknadel von vorne in zwei Maschen gleichzeitig einsticht und diese wie eine Masche strickt. Wenn du als Rechtshänder (von rechts nach links) strickst, erhältst du so eine Abnahme, die sich, von der Vorderseite her gesehen, nach rechts neigt. Die Abkürzung für diese Abnahme lautet meist »2 M re zus-str«.

Bei der Maschenabnahme durch Überzug, abgekürzt oft »übz-Abn«, geht man so vor: Hebe 1 Masche wie zum Rechtsstricken ab, stricke die nächste Masche rechts ab und hebe die abgehobene über die gestrickte Masche. So erhältst du eine Abnahme, die sich von der Vorderseite aus betrachtet nach links neigt.

ZUNAHMEN

Auch Maschenzunahmen lassen sich auf unterschiedliche Arten bewerkstelligen. Ich nehme meistens eine neue Masche aus dem Querfaden, also aus dem Faden, der quer zwischen zwei Maschen verläuft, auf. Schlingst du den Querfaden zu einer Schlaufe und nimmst durch diese hindurch eine neue Masche auf, vermeidest du, dass sich ein Loch bildet.

FÄDEN VERNÄHEN

Strickt man mit vielen Farben, lässt es sich nicht vermeiden, viele Fäden zu vernähen – das ist Fakt. Ich empfehle nicht, lose Enden einzustricken oder auf der Rückseite zu verknoten. Nein, schenk dir ein Glas Wein ein, mach gute Musik an und mache es richtig! An der Spitze von Fäustlingen und Daumen vernähe ich die Fäden meist rundherum wie in einer Spirale, sodass sie an den Stellen, die am meisten beansprucht werden, gleichzeitig verstärkt werden. Das ist ein alter Trick, den ich irgendwo aufgeschnappt habe.

BLOCKEN UND FORMEN

Hast du dein Strickprojekt fertig gestrickt, alle Fäden ver- und Knöpfe angenäht, bist du beinahe fertig – aber eben nur beinahe. Mit dem Spannen bzw. Blocken deines Projekts hast du eine letzte kleine Aufgabe vor dir, die einen großen Unterschied macht. Jetzt soll die Wolle endgültig

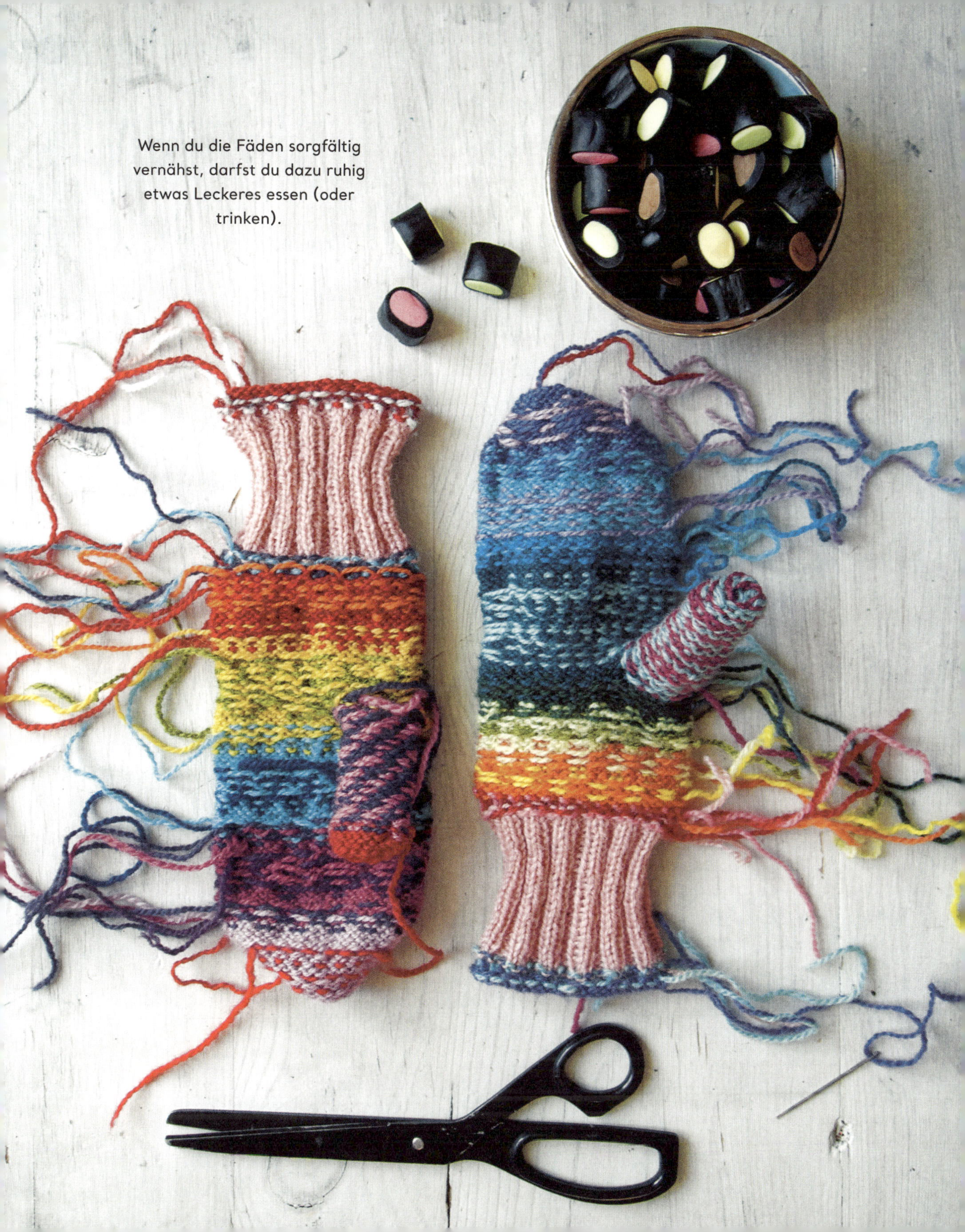

Wenn du die Fäden sorgfältig vernähst, darfst du dazu ruhig etwas Leckeres essen (oder trinken).

begreifen, dass sie Handschuh oder Pullover und kein Knäuel mehr ist. Wenn du die Strickarbeit nass machst und in feuchtem Zustand formst, legen sich die Fasern nämlich zurecht und Ungleichmäßigkeiten können beseitigt werden. Es gelingt erstaunlich oft, Fehler so wegzuzaubern.

So geht's: Deine Strickarbeit in lauwarmem Wasser ausspülen, vorsichtig so viel Wasser wie möglich herausdrücken, ohne zu reiben oder zu stark zu wringen. Auf einer planen Unterlage, z. B. auf ein paar Frotteehandtüchern, ausbreiten, spannen und trocknen lassen. Wenn du eine schwere, feuchte Strickarbeit aufhängst, ist die Gefahr groß, dass sie ausleiert. Möchtest du das Strickprojekt etwas stärker spannen, mit Nadeln in der gewünschten Form auf einer geeigneten planen Unterlage befestigen. Das nennt man blocken. Es gibt zum Blocken spezielle Matten, doch es funktioniert mit jeder Unterlage, in die sich Nadeln stecken lassen. Kleinere Projekte können auf ein normales Bügelbrett gespannt werden. Für Handschuhe und Strümpfe kann man spezielle (Handschuh- bzw. Strumpf-)Spanner verwenden, aber es geht auch ohne.

»CORRUGATED RIB«

Als *corrugated rib* bezeichnet man einen zweifarbigen, hübschen und stabilen Rand, der sich schön als Bündchen für Handschuhe, Strickjacken etc. macht. Das Ergebnis wird nicht genauso elastisch wie ein normales Rippenmuster.

So geht's: M einer Farbe anschlagen. *2 rechte M mit der einen Farbe, 2 linke M mit der anderen Farbe* stricken, von *–* fortlfd wdh bis zum Ende der Rd.

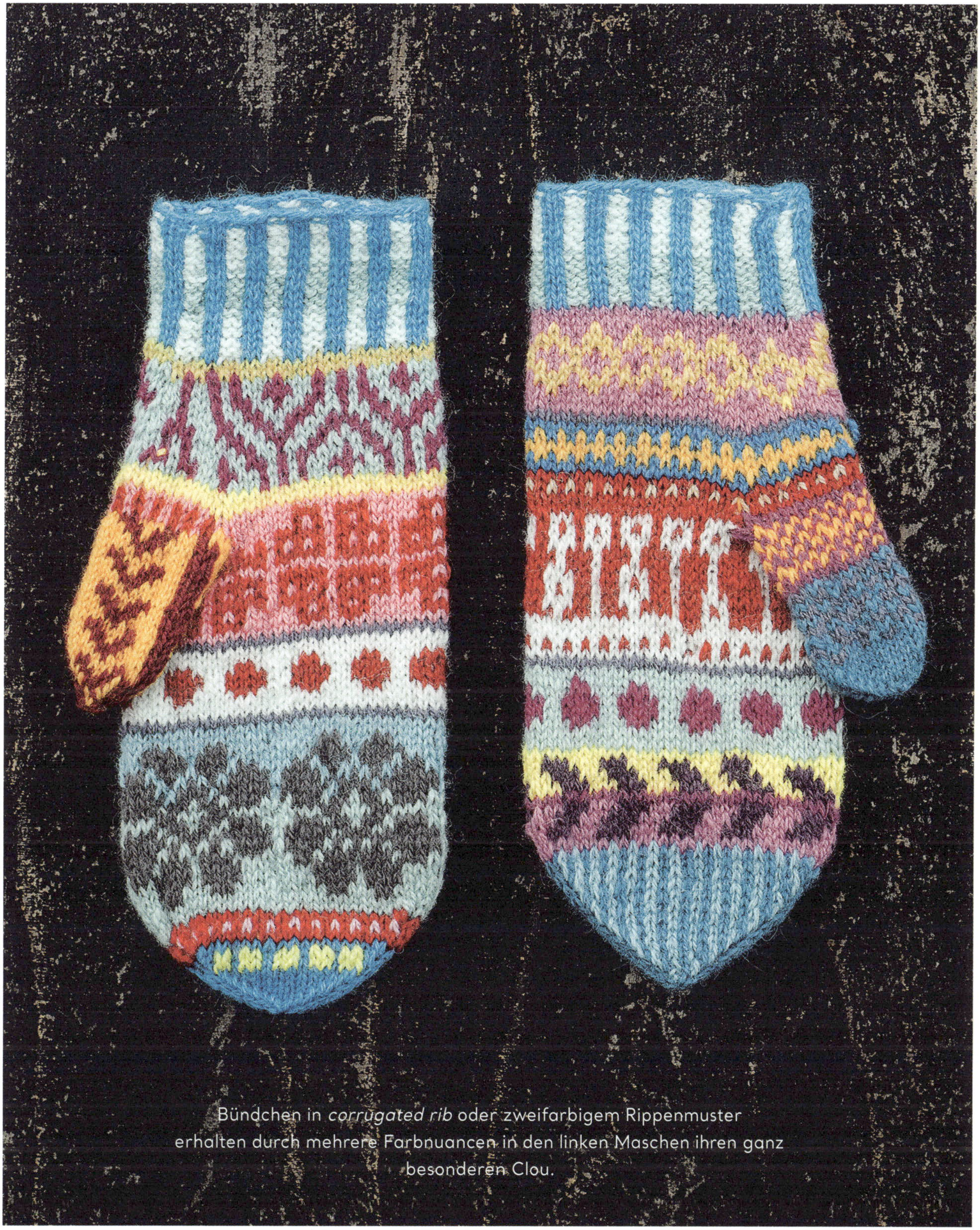

Bündchen in *corrugated rib* oder zweifarbigem Rippenmuster erhalten durch mehrere Farbnuancen in den linken Maschen ihren ganz besonderen Clou.

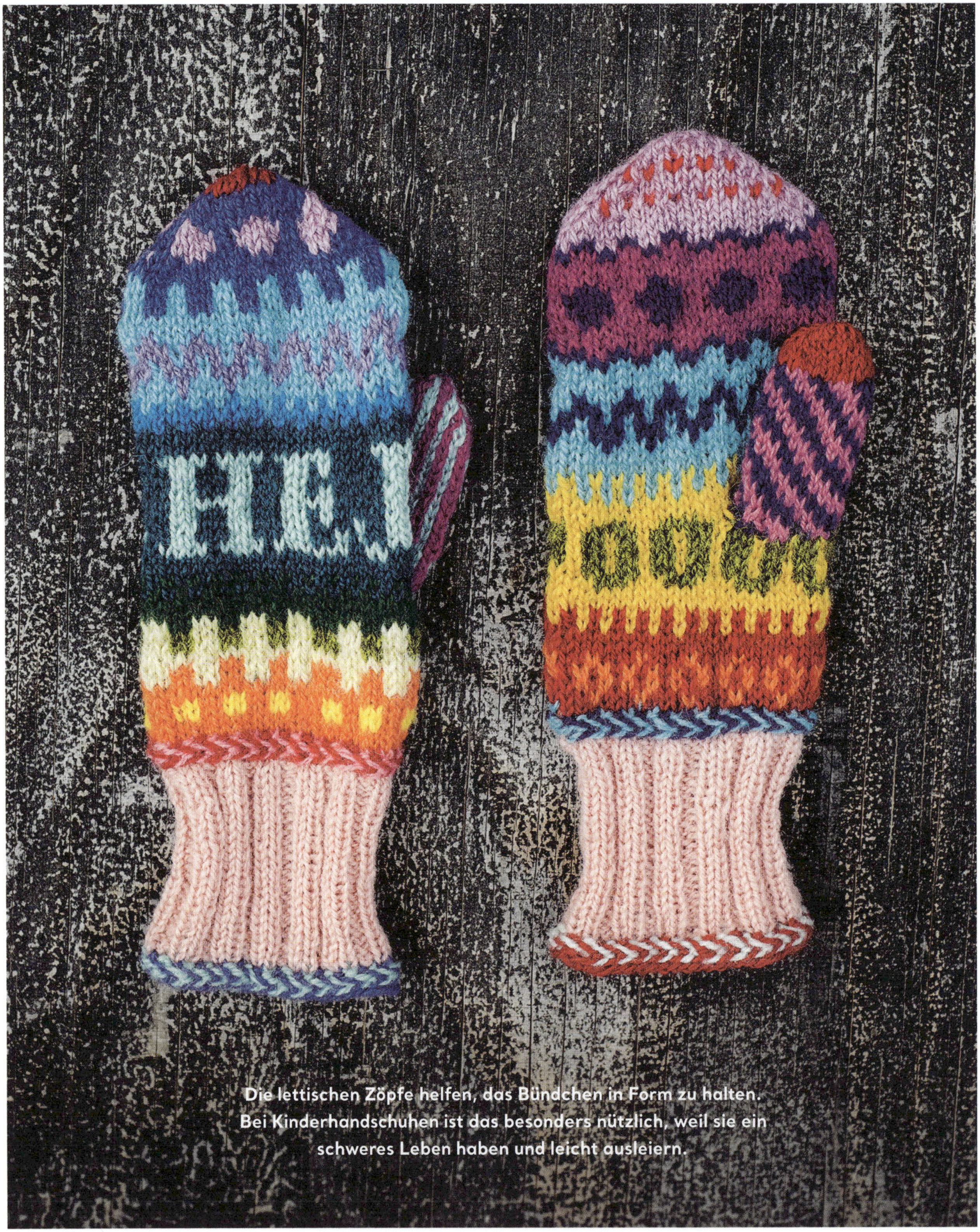

Die lettischen Zöpfe helfen, das Bündchen in Form zu halten. Bei Kinderhandschuhen ist das besonders nützlich, weil sie ein schweres Leben haben und leicht ausleiern.

Wie bei anderen Bündchen auch ist es in der Regel gut, die Nadelstärke eine halbe Nummer kleiner zu wählen als für die restliche Strickarbeit.

LETTISCHER ZOPF

Das Bündchen eines Handschuhs mit einem lettischen Zopf zu beginnen, ist nicht nur hübsch, sondern auch eine schöne Variation des normalen gerippten Bündchens. Außerdem verhindert es, dass das Bündchen sich aufrollt. Natürlich kannst du den Zopf auch für andere Strickarbeiten verwenden.

So geht's: Der Zopf wird in zwei Farben, A und B, rundgestrickt. Eine gerade Anzahl M anschlagen.

1. Runde: *1 rechte M in Farbe A, eine rechte M in Farbe B* stricken, von *–* fortlfd wdh bis zum Ende der Rd.

2. Runde: Das Garn vor die Arbeit legen. Farbe A wird immer über Farbe A gestrickt, Farbe B wird immer über Farbe B gestrickt. *1 linke M in Farbe A, eine linke M in Farbe B* stricken, von *–* fortlfd wdh bis zum Ende der Rd. Bei Farbwechsel den Faden für die nächste M immer *über* den Faden der vorherigen M legen.

3. Runde: Das Garn vor die Arbeit legen. *1 linke M in Farbe A, eine linke M in Farbe B* stricken, von *–* fortlfd wdh bis zum Ende der Rd. Bei Farbwechsel den Faden für die nächste M immer *unter* den Faden der vorherigen M legen.

4. Runde: Wie die 1. Rd stricken.

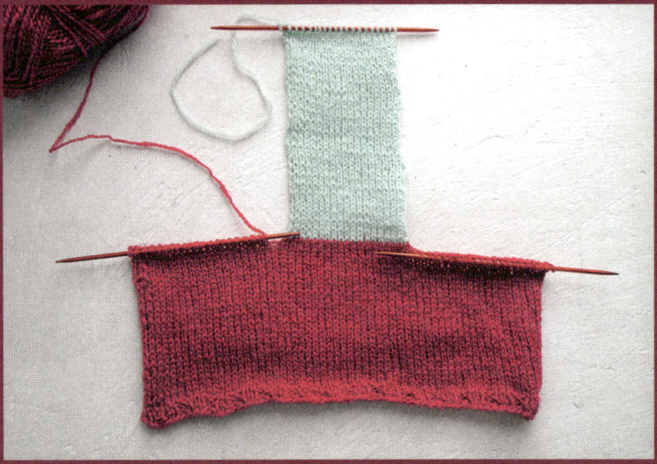

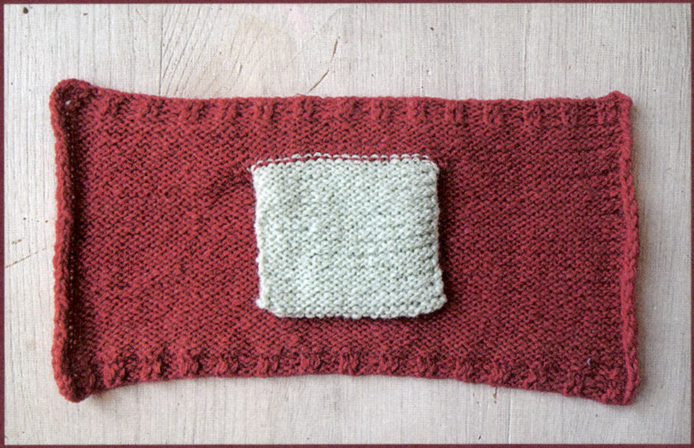

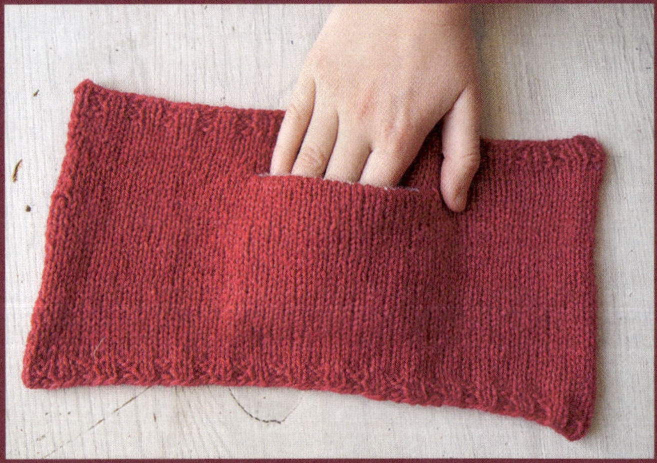

EINE TASCHE STRICKEN

Eine Tasche kann man immer gebrauchen. Entscheide, wo du deine Tasche haben möchtest und wie breit sie sein soll. Denk daran, dass ausreichend Platz bis zur unteren Kante des Kleidungsstücks erforderlich ist, damit die Tasche genug Platz hat.

So geht's: Die M für die Tasche auf eine separate Nadel aufnehmen und so lange in Hin- und Rückreihen stricken, bis das Stück doppelt so lang wie die Tiefe der Tasche ist.

Die M wieder auf die eigentlichen Nadeln nehmen und wie zuvor weiterstricken.

Wenn das Strickprojekt fertig ist, die Seiten der Tasche zusammennähen.

BLENDEN UND KNOPFLÖCHER

Blenden können auf unterschiedliche Arten gestrickt werden. Wenn du in Runden strickst und deine Strickjacke aufschneidest, kannst du entlang der Schnittlinie auf beiden Seiten Maschen aufnehmen. Unabhängig von der Art der Blende, die du stricken möchtest, bietet es sich meist an, eine etwas dünnere Nadel dafür zu verwenden. Es ist manchmal knifflig, die richtige Länge der Blende hinzukriegen, sie soll ja weder wie ein flattriger Volant noch zu stramm sein. Es gibt keine exakte Formel zur Lösung dieses Problems, aber meine ungefähre Faustregel ist, aus drei Reihen Maschen aufzunehmen und dann eine Reihe zu überspringen, doch es kommt ein wenig auf Garn und Händchen an.

Für Blenden kann entweder Rippenmuster, Perlmuster oder *corrugated rib* verwendet werden. Möchtest du eine besonders stabile Blende, kannst du sie doppelt so breit stricken und dann nach innen falten. Wenn du bei der Hälfte der Blende eine Reihe links strickst, bildet sich eine »Bruchkante«, die bewirkt, dass die Blende sich dort ganz natürlich falten lässt. Vergiss nicht, auch in die Blende, die nach innen geklappt wird, Knopflöcher zu machen! Auf der Innenseite wird die Blende so festgenäht, dass sie die Schnittlinie verbirgt, und die doppelten Knopflöcher werden zusammengenäht.

Such die Knöpfe gerne aus, ehe du die Blenden und Knopflöcher strickst. So ist es einfacher, eine geeignete Breite der Blende und Größe der Knopflöcher festzulegen. Üblicherweise werden die Knopflöcher an einer Damenstrickjacke auf der rechten Seite und an einer Herrenstrickjacke auf der linken Seite platziert. Wenn du Knopflöcher für Strickjacken planst, ist es sinnvoll, ein Knopfloch auf Brusthöhe zu platzieren, da du auf diese Weise vermeidest, dass die Jacke an dieser Stelle aufklafft.

Verteile die übrigen Knopflöcher in gleichmäßigen Abständen, markiere sie mit Sicherheitsnadeln oder Maschenmarkierern.

Kette die erforderliche Anzahl Maschen ab. Wie viele es sind, ist natürlich von der Größe des Knopfes abhängig, aber in der Regel ist es gut, wenn das Knopfloch etwas enger ist. In der nächsten Reihe schlägst du die entsprechende Anzahl Maschen über den abgeketteten an. Stricke ganz normal weiter. Denk daran, dass die Knopflöcher nicht zu nahe am Rand sitzen sollen, der Radius des Knopfes und noch etwas mehr ist meist gerade richtig.

Das Knopfloch kann eventuell mit Stichen rundherum verstärkt werden. Man macht sie am besten mit Knopflochseide oder Knopflochfaden, einer Art dickerem Nähfaden, den es im Nähbedarf zu kaufen gibt.

NOPPEN

Eine Reihe mit Noppen oder Knötchen hier und da ist ein hübsches Detail.

So geht's: 5 M aus 1 M herausstricken, indem abwechselnd von hinten und vorne neue M durch ein und dasselbe Maschenglied aufgenommen werden. Diese 5 M 5 × in Hin- und Rückreihen stricken, die rechten M auf der Vorderseite, die linken M auf der Rückseite.

In der nächsten Reihe die 5 M zu 1 M zusammenstricken.

Nun ist eine Noppe fertig. Weiterstricken.

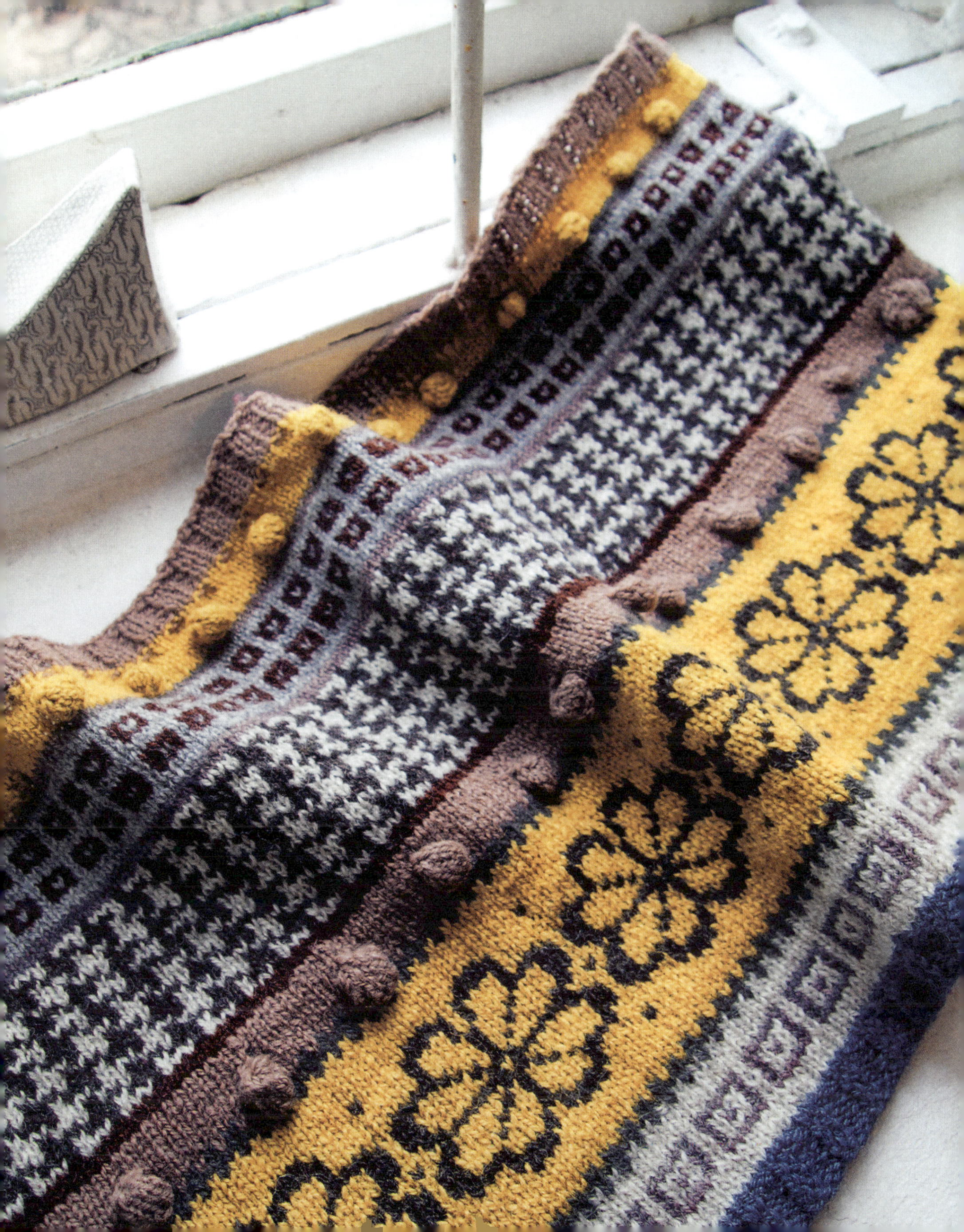

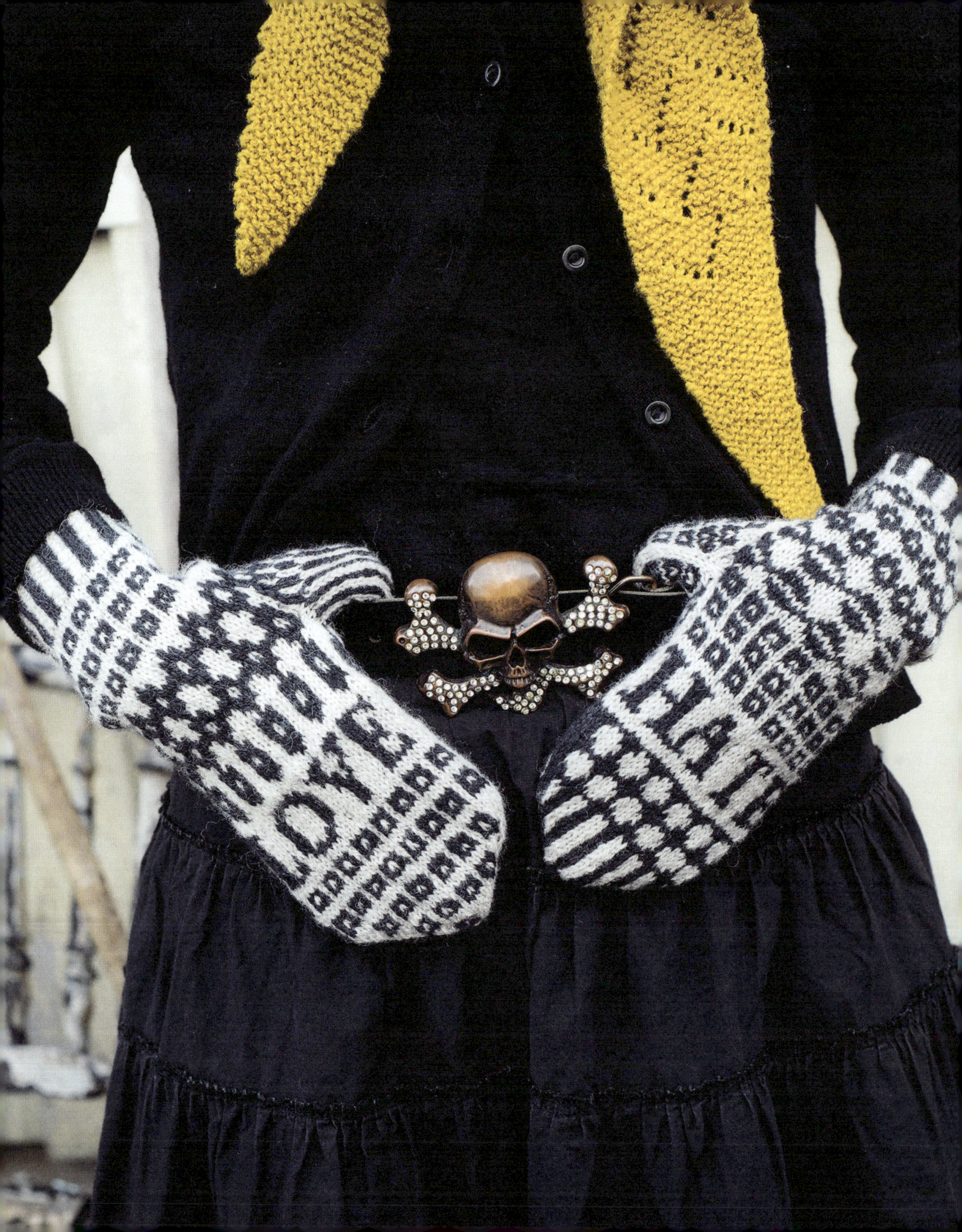

Muster

Ich sehe immer Muster!

Textile Muster sind schon immer zwischen verschiedenen Techniken und Orten hin- und hergereist: Ein und derselbe Stern kann auf einer Mütze in Norwegen ebenso auftauchen wie auf einem Teppich in der Türkei. Ältere traditionelle Textilien aus unterschiedlichen Regionen haben viel zu bieten – lass dich einfach von digitalen Sammlungen im Netz inspirieren, vielleicht hast du auch auf dem Flohmarkt Glück, oder du durchforschst die Bücherregale etwas älterer Verwandter. Sammle Muster, die dir gefallen, in einem Ordner, auf dem Computer, dem Tablet oder was auch immer du bevorzugst, damit du sie immer schnell zur Hand hast. Bau dir deine eigene Musterbibliothek auf, aus der du dich bedienen kannst.

Die meisten Muster, die sich aus Kästchen oder Pixeln zusammensetzen, lassen sich in Stricksprache übertragen. Man sollte vielleicht bedenken, dass ein Muster mit großen Farbflächen schwieriger zu stricken ist als eines mit kleinen. Es ist immer leichter, eine schöne Strickarbeit zustande zu bringen, wenn die Flottungen auf der Rückseite nicht zu lang sind.

Das Auge mag einfach Wiederholungen

Beim traditionellen Fair-Isle-Stricken werden geometrische Bordüren in einer bestimmten Reihenfolge wiederholt und die Farbskala changiert oft zwischen hellen und dunklen Tönen. Beim *Hönsestrik* sind keinerlei derartige Strukturen vorgegeben. Jede Bordüre ist neu und die Farben werden ganz nach eigenem Gutdünken gemischt. Ich finde beide Arten, »Muster aufzubauen«, interessant, und wer sagt denn, dass die Grenzen dazwischen nicht fließend sein dürfen. Natürlich kannst du Fair-Isle-Bordüren machen, aber die Farbgebung wie beim *Hönsestrik* gestalten. Und du kannst auch problemlos eine beliebige Bordüre wie beim Fair-Isle-Stricken wiederholen und zu einem ganz harmonischen Muster zusammenfügen. Es ist okay, nicht ganz treu zu sein (zumindest beim Stricken).

Sogar das einfachste kleine gestalterische Element wird schön, wenn es wiederholt wird, das Auge mag einfach Wiederholungen.

Versuche, die Muster auf unterschiedliche Weise zusammenzusetzen. Kombiniere Großgemustertes mit Kleingemustertem oder wechsle zwischen schmalen und breiten Bordüren ab. Auch die gleiche Bordüre immer wieder in verschiedenen Farbzusammenstellungen zu wiederholen, kann effektvoll sein. Alles ist erlaubt.

Musterbibliothek

Die Muster und Bordüren, die ich ab Seite 103 zusammengestellt, sind hinsichtlich ihrer Herkunft eine höchst unstrukturierte Mischung aus alten traditionellen, geometrischen Mustern und neuen Ideen. Inspiration von damals und heute sozusagen. Ich bin dafür tief in meine recht große Sammlung von Musterbüchern eingetaucht und habe mich von norwegischen Stricktechniken, dem Fair-Isle-Stricken und neueren Ausdrucksformen, die ich ans Stricken angepasst habe, inspirieren lassen.

Ebenso wie beim traditionellen Fair-Isle-Stricken können alle Muster und Bordüren mit jeweils nur zwei Farben gestrickt werden. Allerdings gibt es keinerlei Einschränkung für die Menge an Farben, die du insgesamt verwenden kannst. Die Haupt- und Kontrastfarben in unterschiedlichen Nuancen ein und derselben Farbe ineinander übergehen zu lassen, ist oft effektvoll.

Musterrapport

Kommen wir zum delikaten Detail des Musterrapports. Findest du es sehr wichtig, dass alle Rapporte exakt aufgehen, musst du ein wenig rechnen. Ich persönlich finde, dass es ganz lustig sein kann, wenn die Muster kollidieren und ein wenig schief werden, aber manchmal möchte ich, dass sie zusammenpassen. Treu meiner Gewohnheit bin ich nicht sonderlich konsequent.

Für diejenigen von euch, die ein gewisses Maß an Ordnung mögen, sind die Musterbordüren in diesem Buch danach sortiert, wie viele Maschen der Rapport in der Breite hat. Ein Rapport ist der kleinste Bestandteil eines Musters, der mehrere Male wiederholt werden soll und so ein Muster ergibt. In manchen Anleitungen – bei denen, die Größenangaben enthalten – habe ich vermerkt, welche Bordüren mit der Maschenanzahl übereinstimmen, aber in den Anleitungen, die nach persönlichen Maßen gestrickt werden, musst du selbst rechnen oder es darauf ankommen lassen. Manchmal, recht häufig sogar, ist es ja das Unvorhergesehene, das am Ende den besonderen Clou ausmacht.

Lust auf Farbe!

Hab keine Angst vor Farbe! Ich habe lange Zeit nur Schwarz und verschiedene Nuancen von gedecktem Rosa verwendet – so was von unnötig, wo es doch so viele interessante Farbtöne gibt!

Bei Jacquardmustern ist es wichtig, den Kontrast zwischen den Farben zu bedenken, sonst fließen deine Muster einfach (nur) ineinander. Mit Kontrast meine ich nicht unterschiedliche Farben wie Blau und Rot, wichtig ist vielmehr der Unterschied zwischen hell und dunkel. Ein roter und ein blauer Farbton können also stärker ineinanderfließen als zwei Nuancen von Blau. Fühlst du dich unsicher, kannst du mit dem Smartphone ein Schwarz-Weiß-Foto machen. Darauf zeigt sich deutlicher, ob der Kontrast zwischen den Farben groß genug ist.

Wie du die Farben für dein Projekt auswählst, hat unglaublich viel Einfluss auf dessen Wirkung. Dass die Variationsmöglichkeiten unendlich sind, stresst dich vielleicht, kann aber auch motivierend sein. Du kannst das Gefühl bekommen, dass doch alles schon einmal da war, während du gleichzeitig zu der Einsicht gelangen kannst, dass du mindestens 250 Jahre alt werden musst, um all deine Projekte umzusetzen und all deine Ideen auszuprobieren.

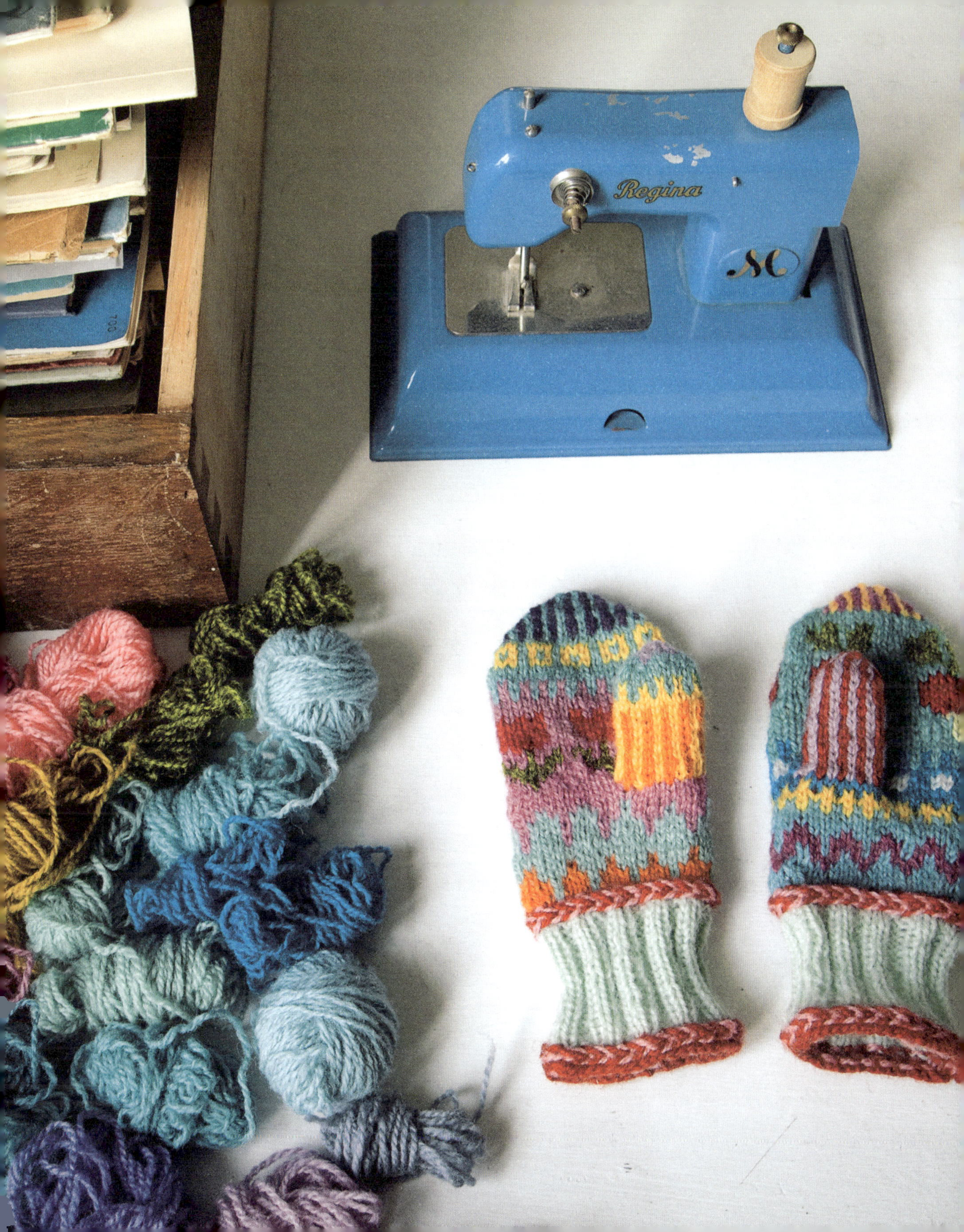
Regina

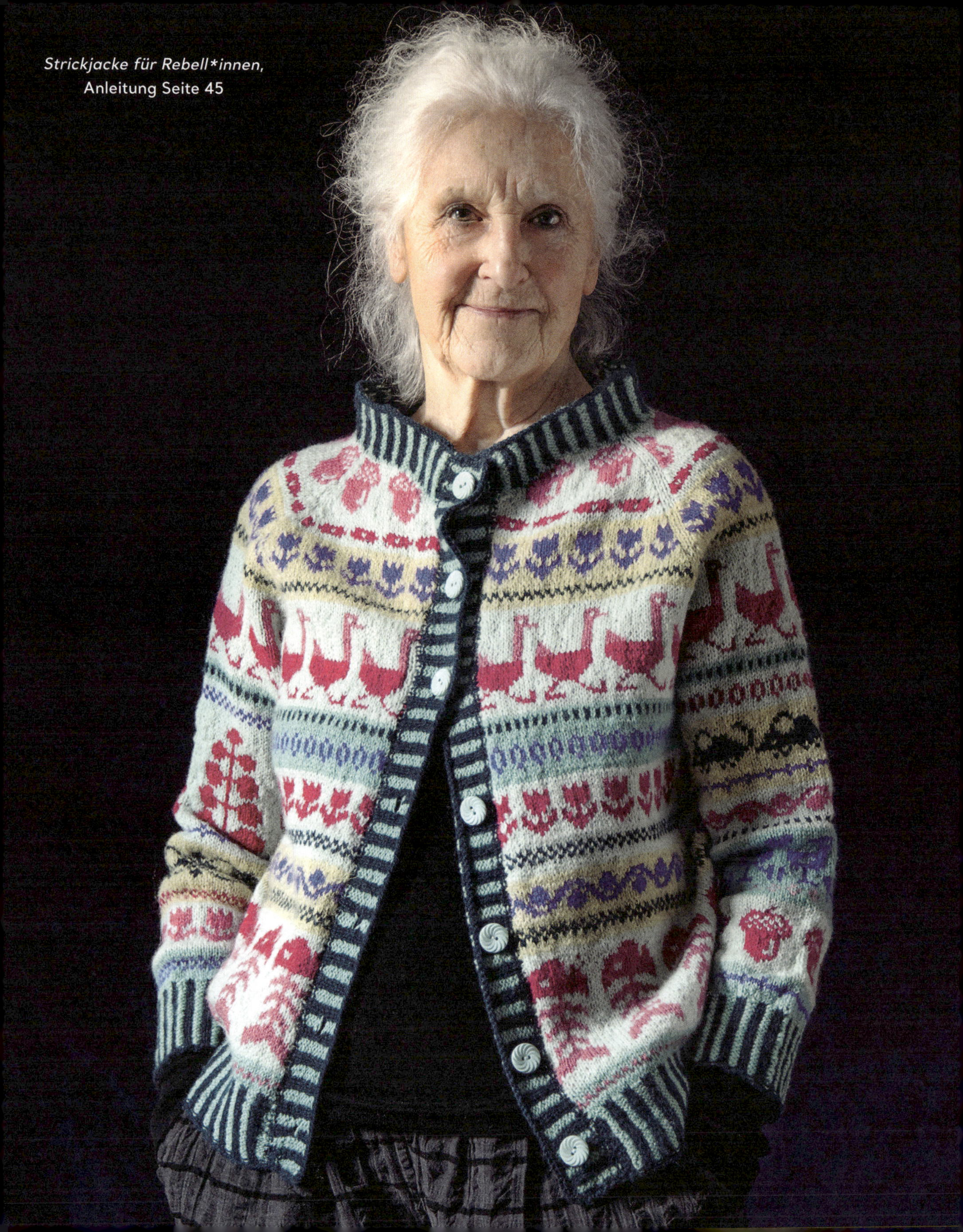

*Strickjacke für Rebell*innen,*
Anleitung Seite 45

Projekte

Über die Anleitungen in diesem Buch

Alle Anleitungen in diesem Buch sind als Basismodelle gedacht, die du selbst je nach Geschmack aus Mustern, Bordüren und Details komponieren kannst.

Wir alle haben unterschiedliche Körper und mögen unterschiedliche Dinge. Wenn du etwas für dich selbst strickst, hast du die einzigartige Möglichkeit, bis ins kleinste Detail alles genau so zu bekommen, wie du es haben möchtest: eine spezielle Farbe, die zu deinen Lieblingsschuhen passt, das kleine Täschchen für die Schnupftabakdose, den Namen des Kindes auf dem Handschuh oder die passende Länge der Strickjacke. Ich selbst mag beispielsweise etwas zu kurze Ärmel, die nicht im Weg sind, wenn ich etwas mache.

Liest man ältere Strickanleitungen, sind sie oft auffallend knapp formuliert, vermutlich, weil bestimmte Fertigkeiten als selbstverständlich vorausgesetzt wurden und daher nicht näher erklärt werden mussten. Heutzutage ist eher das Gegenteil die Norm, viele Strickanleitungen sind enorm detailliert und sehr lang. Das kann manchmal dazu führen, dass ein Projekt als schwieriger wahrgenommen wird, als es tatsächlich ist.

Ich habe versucht, mich in den Anleitungen kurzzufassen, sie aber dennoch hoffentlich anschaulich zu formulieren, um Raum für die eigene Kreativität zu lassen. Wir alle können in der Fabrik hergestellte Strickwaren kaufen, aber das Eigenwillige und Persönliche muss man schon selbst stricken! Zu jedem Projekt gibt es einen Hashtag, unter dem du sehen kannst, was andere stricken – und deine Arbeiten teilen kannst.

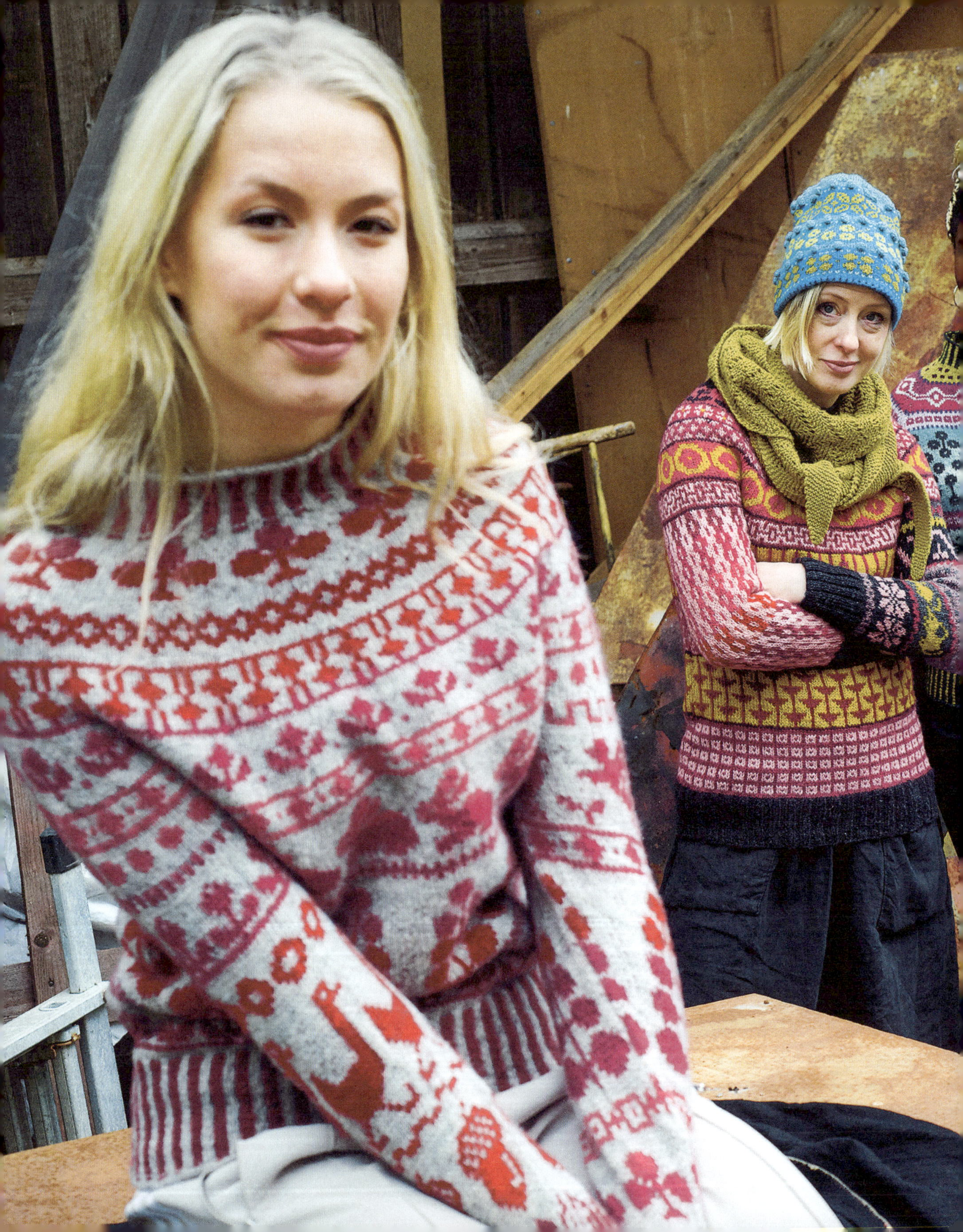

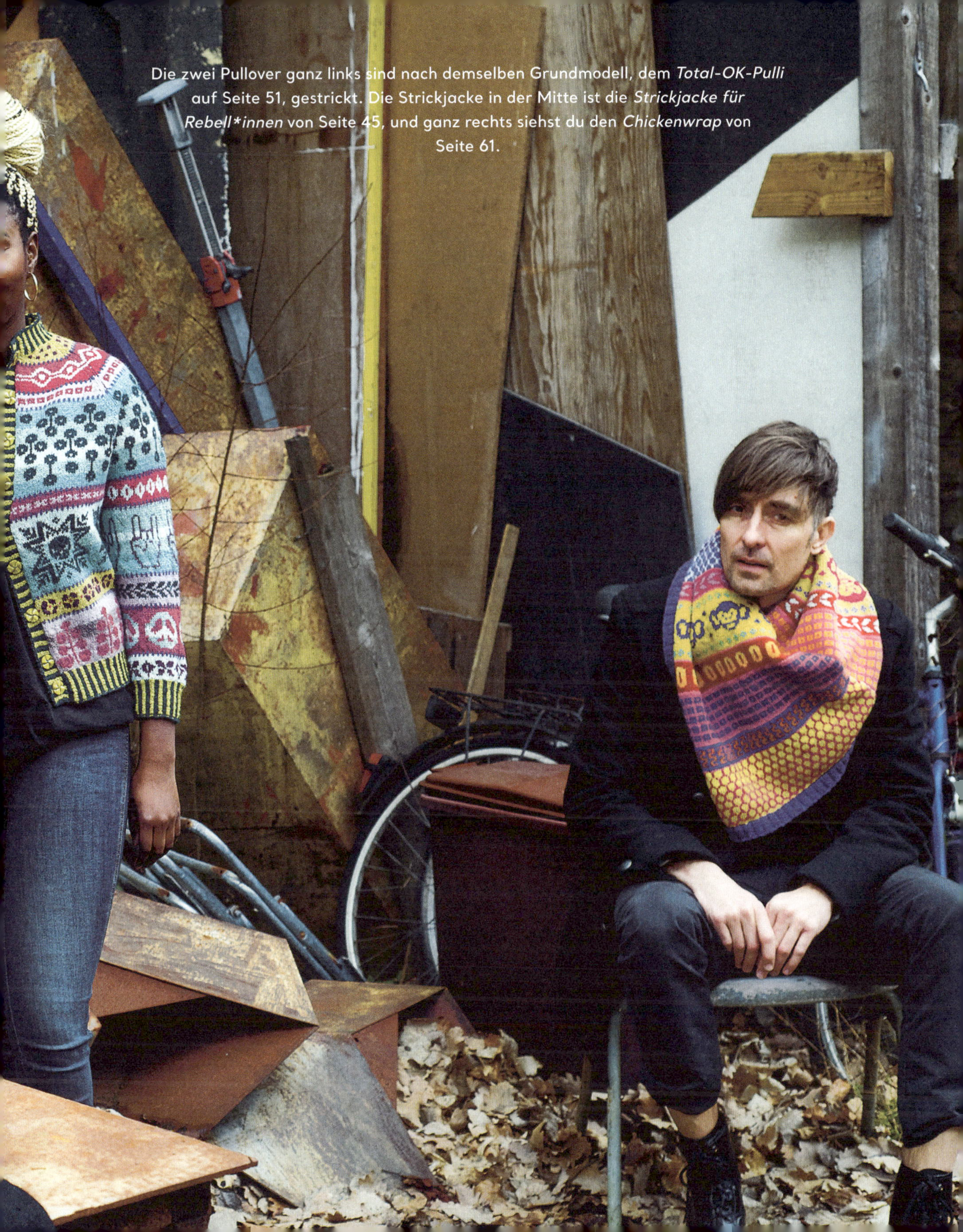

Die zwei Pullover ganz links sind nach demselben Grundmodell, dem *Total-OK-Pulli* auf Seite 51, gestrickt. Die Strickjacke in der Mitte ist die *Strickjacke für Rebell*innen* von Seite 45, und ganz rechts siehst du den *Chickenwrap* von Seite 61.

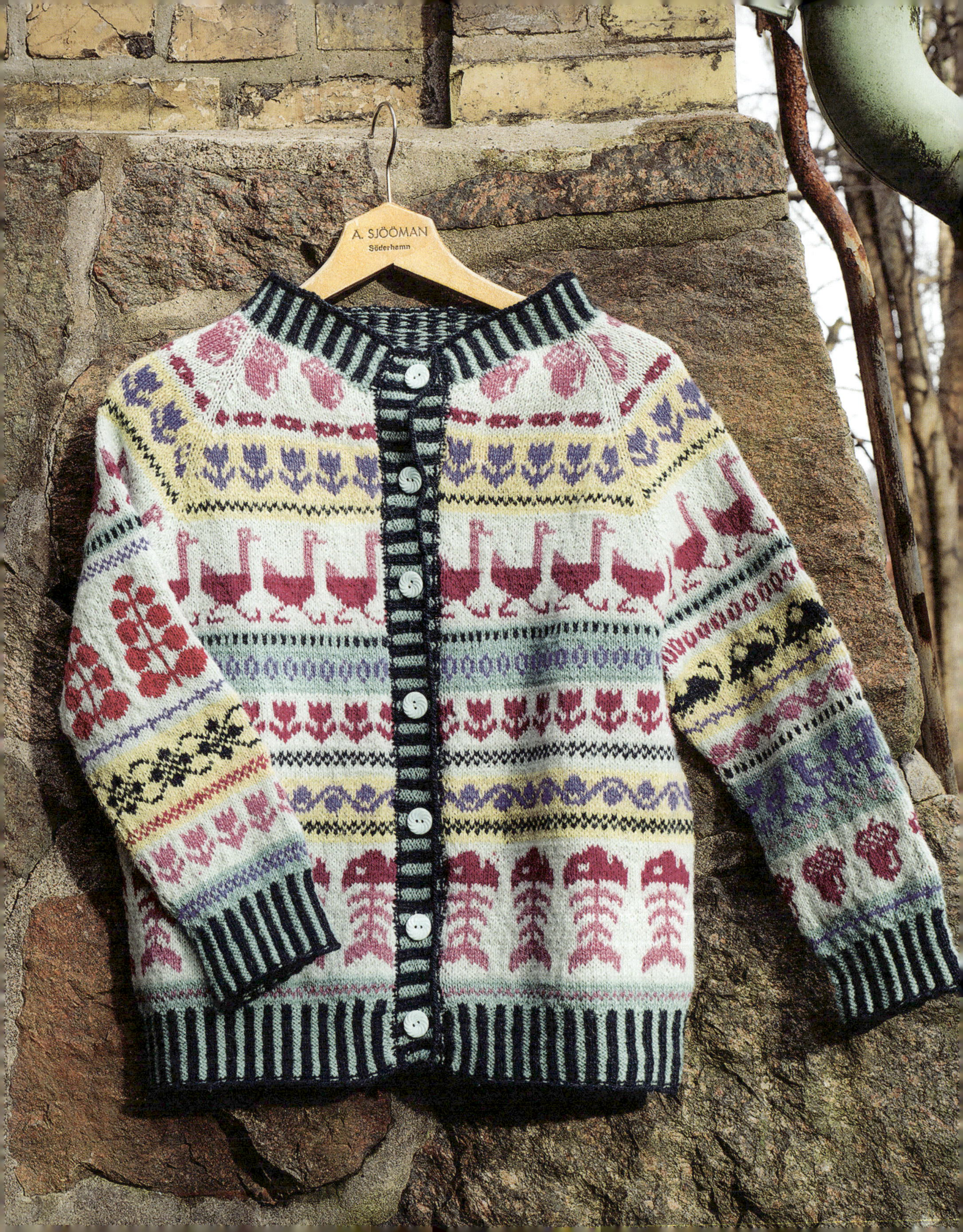
A. SJÖÖMAN
Söderhamn

Strickjacke für Rebell*innen

Strickjacke mit Raglanärmeln

Ich habe jeden Tag, das ganze Jahr über, eine Strickjacke an. Wenn es kalt ist, trage ich zwei übereinander, eine dünne unter einer dickeren, weil ich eine Frostbeule bin. Eine schöne Strickjacke zu einem Kleid ist mein Lieblingsoutfit, seit ich denken kann, dann trage ich gerne eine etwas kürzere figurbetonte Strickjacke mit Dreiviertelarm. In dieser Anleitung strickst du nach deinen eigenen Maßen; Passform und Details können nach Belieben und Geschmack angepasst werden. Wenn du möchtest, kannst du die Strickjacke mit einer Rundstricknadel »hin und zurück« stricken, ansonsten strickst du sie in Runden und steekst sie. Diese Strickjacke ist nicht tailliert, wird von unten nach oben gestrickt und hat Raglanärmel.

Garn: (Rauma Finull oder) 2-fädiges (feines) Wollgarn (aus 100 % Wolle), Lauflänge 175 m/50 g, in verschiedenen Farben

Menge: für Größe M ca. 450 g

Nadeln: Nadelspiel und Rundstricknadeln (80 und 100 cm lang bzw. größenabhängig), jeweils Nadelstärke 2,5 und 3 mm

Maschenprobe: Ermittle mithilfe einer Maschenprobe mit Nadelstärke 3 mm zunächst deine Fadenspannung. Mehr zur Maschenprobe siehe Kapitel »Technik«.

Zubehör: Maßband, Maschenmarkierer, Stopfnadel, Nähnadel, Nähgarn, Knöpfe, Schere und evtl. ein Band für die Blenden

MASS NEHMEN

Brustumfang:

Seitenlänge (Länge der Strickjacke vom unteren Ende des Armausschnitts her gemessen):

Umfang Handgelenk (wenn du einen Ganzarm-Ärmel strickst) **oder Arm** (wenn du einen kürzeren Ärmel strickst):

Armlänge:

PASSFORM

figurbetont: + 3 cm

normal: + 6 cm

leger: + 10 cm

weit: + 13 cm oder mehr

RUMPFTEIL

❃ Mit dem Rumpfteil beginnen, das von unten nach oben gestrickt wird. Soll die Strickjacke *gesteekt* werden, vorne in der Mitte 6 M zum Aufschneiden hinzuaddieren. Diese M zählen nicht zum Muster. Soll deine Strickjacke stattdessen in Hin- und Rückreihen auf einer Rundstricknadel gestrickt werden, diese M weglassen.

❃ Den Brustumfang messen, die gewählte Passform addieren und berechnen, wie viele M du anschlagen musst. Bsp: Misst dein Brustumfang 95 cm + 6 cm (normale Passform) und deine Fadenspannung beträgt 26 M auf 10 cm, ergibt das: (95 + 6) × 2,6 M = 263 M. Möchtest du deine Strickjacke steeken, weitere 6 M addieren. Darauf achten, dass die Anzahl deiner M durch 2 teilbar ist.

❃ M auf der dünneren Rundstricknadel anschlagen. *Corrugated rib* stricken, d. h. *2 rechte M in einer Farbe, 2 linke M in einer anderen Farbe*, von *–* fortlfd wdh bis zum Ende der Rd, 6–10 cm stricken.

❃ Zur dickeren Rundstricknadel wechseln und in Mustern nach Belieben glatt rechts weiterstricken, bis die Strickjacke die gewünschte Seitenlänge hat.

❃ Maschenmarkierer an den Seiten einhaken. Pro Seite 16 M für den Armausschnitt so abketten, dass 8 M vor dem Maschenmarkierer liegen und 8 M danach. Die Arbeit zur Seite legen und die Ärmel stricken.

ÄRMEL

❃ Möchtest du einen Langarmärmel, den Arm bis zum Handgelenk messen, möchtest du einen 3/4-Ärmel, den Arm bis zu der Stelle messen, wo der Ärmel enden soll.

❃ So wie oben berechnen, wie viele M du anschlagen musst, und darauf achten, dass die Anzahl der M durch 4 teilbar ist.

❃ Die Anzahl deiner M anschlagen und auf 4 Nadeln des dünneren Nadelspiels verteilen. So wie beim unteren Rand des Rumpfteils *corrugated rib* stricken: *2 rechte M in einer Farbe, 2 linke M in einer anderen Farbe*, von *–* fortlfd wdh bis zum Ende der Rd, 6–10 cm stricken.

❃ Zum dickeren Nadelspiel wechseln, 3 M stricken, *1 M verschränkt aus dem Querfaden zwischen 2 linken M zunehmen, 8 M stricken*, von *–* fortlfd wdh bis zum Ende der Rd.

- ❋ Am Beginn der Rd einen Maschenmarkierer einhaken. Muster oder Bordüren nach Wahl stricken. Mit 1,5–2 cm Abstand auf beiden Seiten der 1. M in der Rd je 1 M verschränkt aus dem Querfaden zunehmen. Evtl. einen Maschenmarkierer pro Zunahme einhaken, damit sie leichter zu sehen sind.
- ❋ Weiter zunehmen, bis der Ärmel die gewünschte Länge hat. Zwischendurch anprobieren!
- ❋ Wie beim Rumpfteil 16 M so verteilt abketten, dass der Beginn der Rd in der Mitte liegt.
- ❋ Den zweiten Ärmel ebenso stricken, aber gerne mit anderen Mustern!

RAGLANABNAHMEN

- ❋ Ärmel und Rumpfteil so auf dieselbe Rundstricknadel nehmen, dass die abgeketteten M der Ärmel über denen des Rumpfes zu liegen kommen, evtl. brauchst du eine längere Rundstricknadel. Maschenmarkierer einhaken, wo das Vorder- bzw. Rückenteil und die Ärmel zusammentreffen.
- ❋ Muster und Bordüren nach Belieben in Hin- und Rückreihen bzw. in Rdn stricken, wenn du die Steeking-Methode gewählt hast.
- ❋ 2–3 cm stricken und dann mit den Raglanabnahmen beginnen. Die Abnahmen werden in jeder 2. Rd gemacht: Die M des Vorderteils bis zu 3 M vor dem 1. Maschenmarkierer stricken, 1 übz-Abn stricken, 1 rechte M stricken, den Maschenmarkierer abheben, 1 rechte M stricken, 2 rechte M zusammenstricken, die M des Ärmels bis zu 3 M vor dem nächsten Maschenmarkierer stricken, 1 übz-Abn stricken, 1 rechte M stricken, den Marker abheben, 1 rechte M stricken, 2 rechte M zusammenstricken. So vor und nach jedem Maschenmarkierer bis zum Ende der Rd weiter abnehmen = 8 Abnahmen.
- ❋ So in jeder 2. Rd weiter abnehmen, bis die Größe des Halsausschnitts, je nach Größe und Geschmack, ca. 64–67 cm beträgt. Bei der Anprobe soll der Halsausschnitt etwas größer sein als das fertige Ergebnis. Stell dir vor, dass ringsherum ein Kragen von 3–4 cm Platz finden soll.
- ❋ Nun für den Halsausschnitt auf der Vorderseite abketten. Vorne in der Mitte 6 M abketten. Von hier ausgehend ist es am einfachsten, auf der Rundstricknadel in Hin- und Rückreihen zu stricken. Dann bis zum Halsausschnitt 2 M auf jeder Seite abketten, dann 1 x 3 M auf jeder Seite abketten, damit die Rückseite länger als die Vorderseite wird. Währenddessen die Raglanabnahmen fortsetzen. Anprobieren, ehe du den Kragen strickst.
- ❋ Zur dünneren Rundstricknadel wechseln und M auf der Vorderseite des Halsausschnitts aufnehmen. Darauf achten, dass die Anzahl der M durch 2 teilbar ist und, so wie vorher,

3–4 cm *corrugated rib* in Hin- und Rückreihen stricken. Von der Vorderseite aus abketten, nicht zu fest.

STEEKING

Hast du dich für die Steeking-Methode entschieden, mit dem Zickzackstich auf der Nähmaschine links und rechts der Mitte über die M, entlang derer geschnitten wird, nähen. Danach auf beiden Seiten einen geraden Saum innerhalb des Zickzacksaums nähen. Tief Luft holen und zwischen den Säumen aufschneiden.

BLENDEN

Die Blenden wie die übrigen Abschlüsse mit der dünneren Rundstricknadel in Hin- und Rückreihen stricken. Die Fäden entlang der vorderen Ränder vernähen, ehe M entlang des linken vorderen Rands innerhalb der Randmasche aufgenommen werden. Ca. 4 cm *corrugated rib* stricken und abketten, nicht zu fest. Für die rechte Blende ebenso M aufnehmen, doch hier sollen Knopflöcher gemacht werden (an Herrenstrickjacken sitzen die Knopflöcher traditionsgemäß auf der linken Seite). Knöpfe gerne auswählen, ehe die Knopflöcher gemacht werden, damit die Größen übereinstimmen. Es ist gut, wenn die Knopflöcher etwas enger sind.

Tipp: Zunächst die Stelle für ein Knopfloch auf Brusthöhe markieren und dann die übrigen Knopflöcher gleichmäßig verteilen. So wird vermieden, dass die Strickjacke über der Brust aufklafft, wenn sie geknöpft wird.

ZUSAMMENNÄHEN

Alle Fäden vernähen, die Löcher unter den Armen zusammennähen und den Pullover blocken.

Hast du die Strickjacke *gesteekt*, ist es besonders schön, auf der Innenseite mit Blindstichen ein hübsches Band einzunähen, das die Naht verbirgt.

Die Knopflöcher rundherum mit Stichen verstärken, wenn du möchtest. Knöpfe annähen.

#frifräsarkoftan

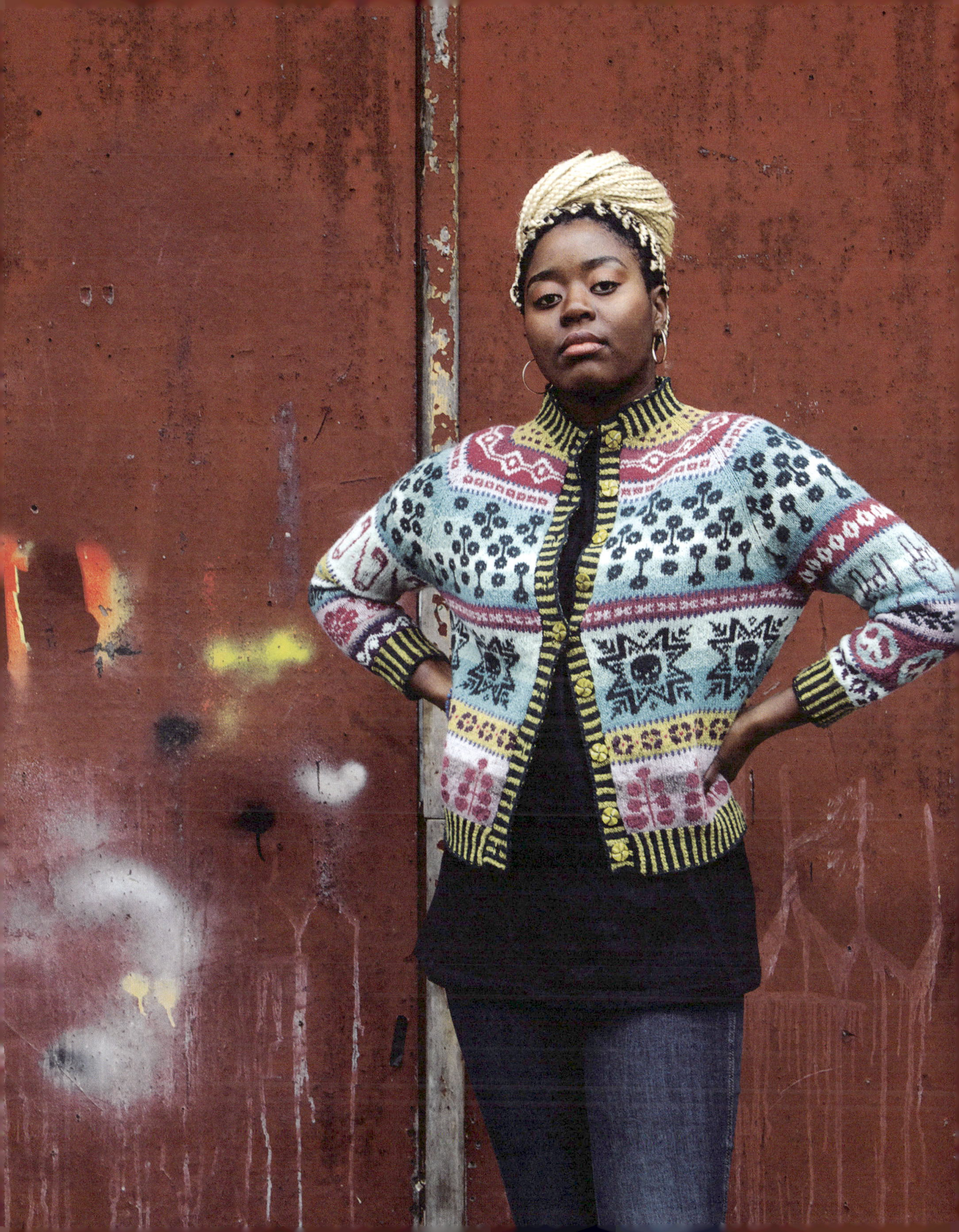

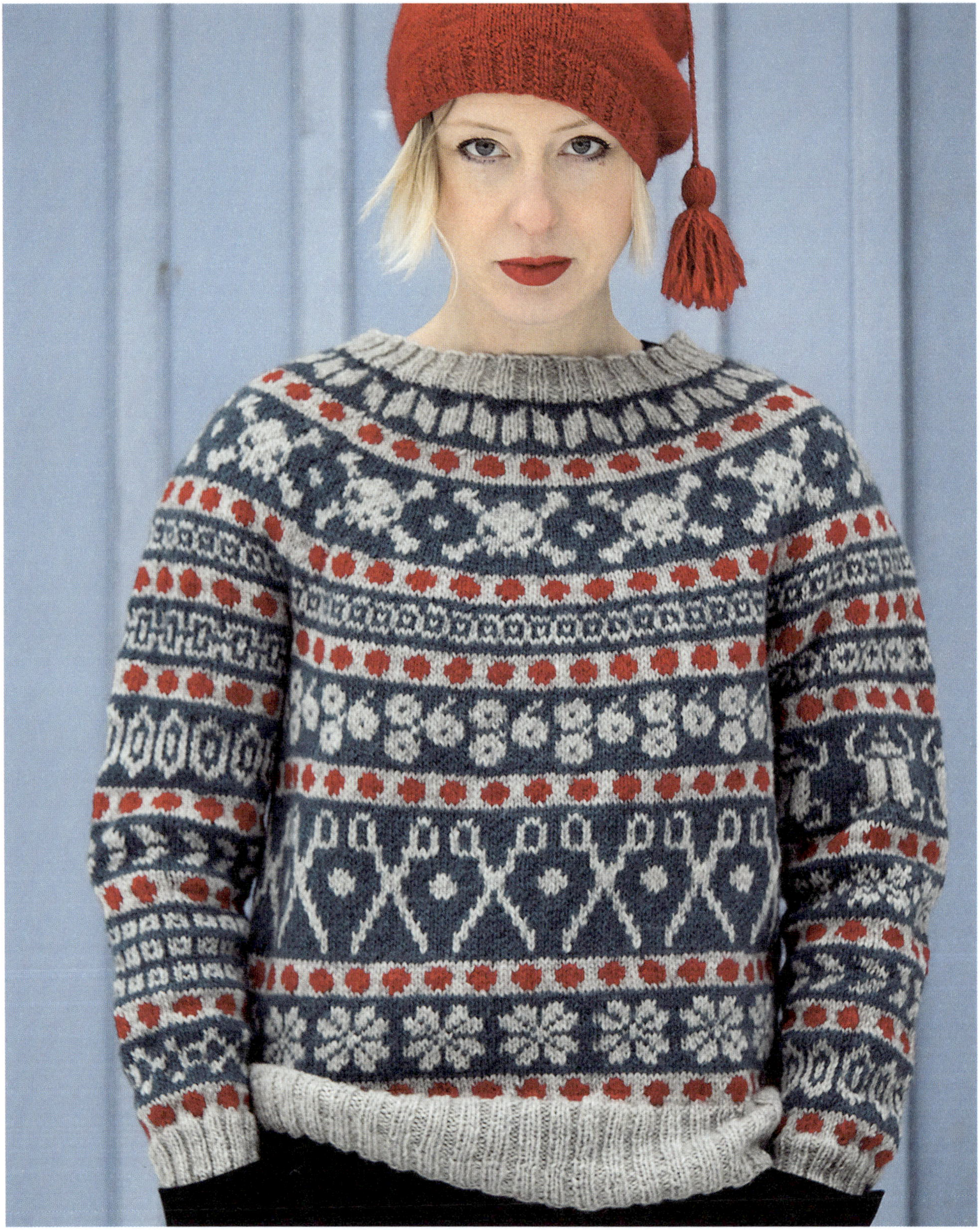

Total-OK-Pulli

Pullover mit Rundpasse

Ein Pullover mit Rundpasse, der mit einer etwas dickeren Wolle von unten nach oben gestrickt wird. Verkürzte Runden hinten in der Mitte verbessern die Passform. Dies hier ist ein richtig warmer und gemütlicher Allround-Pullover, der zu dem wird, was du aus ihm machst. Du kannst den ganzen Pulli oder auch nur die Rundpasse gemustert stricken.

Größen: (XS) S (M) L (XL)
Brustumfang: (87) 95 (102) 109 (116) cm
Gesamtlänge: nach Belieben

Garn: (Ullcentrums) 3-fädiges Wollgarn (aus 100 % Wolle), Lauflänge 200 m/100 g
Menge: für Größe M ca. 550 g
Nadeln: Nadelspiel und Rundstricknadeln (60, 80 und evtl. 100 cm lang), jeweils Nadelstärke 3 und 3,5 mm
Maschenprobe: 22 Maschen auf 10 cm mit Nadelstärke Nr. 3,5 mm
Zubehör: Maschenmarkierer, Stopfnadel, Schere

RUMPFTEIL

❊ Das Rumpfteil wird mit der Rundstricknadel gestrickt. (192) 208 (224) 240 (256) M mit Nadelstärke 3 mm anschlagen. Für das Rippenmuster *2 rechte M, 2 linke M* stricken, von *–* fortlfd wdh bis zum Ende der Rd, 8 cm stricken.

❊ Zur dickeren Rundstricknadel wechseln und in Mustern nach Belieben glatt rechts weiterstricken, bis der Pulli so lang ist, wie du ihn haben möchtest. Vom unteren Ende des Armausschnitts nach unten messen! Möchtest du, dass deine Musterbordüren bzw. rapportierten Muster exakt aufgehen sollen, ein Muster wählen, dessen Rapport (4, 6, 8, 12, 16, 24, 32) 4, 8, 16 (8, 16, 32) 4, 5, 6, 8, 10, 14, 16, 20, 32 (4, 8, 16, 32) M hat. Wenn es dir nichts ausmacht, dass die Musterrapporte nicht ganz exakt aufgehen, einfach loslegen und die Muster frei wählen.

- ❋ Maschenmarkierer einhaken, um mit dem Beginn der Rd auf der einen Seite Vorder- und Rückenteil festzulegen. (11) 15 (19) 19 (20) M pro Seite abketten. Nun sollte das Vorder- bzw. Rückenteil aus (85) 89 (93) 101 (108) M bestehen. Die Arbeit zur Seite legen und die Ärmel stricken.

ÄRMEL

- ❋ (52) 56 (56) 60 (60) M auf dem dünneren Nadelspiel anschlagen.
- ❋ Für das Rippenmuster *2 rechte M, 2 linke M* stricken, von *–* fortlfd wdh bis zum Ende der Rd, 8 cm stricken.
- ❋ Zu Nadelstärke 3,5 mm wechseln und in Mustern und Farben nach Belieben glatt rechts weiterstricken.
- ❋ Misst der Ärmel inkl. Bündchen 10 cm, links und rechts von der 1. M der Rd 1 M verschränkt aus dem Querfaden zunehmen. So alle 2 cm insgesamt (12) 13 (14) 14 (17) mal zunehmen. Zur Erleichterung an jeder Zunahme einen Maschenmarkierer einhaken. Du solltest nun (76) 82 (84) 88 (94) M haben. Weiterstricken, bis der Ärmel die gewünschte Länge hat, (11) 15 (17) 19 (20) M so verteilt abketten, dass der Beginn der Rd in der Mitte liegt. Nun sollte der Ärmel (65) 67 (67) 69 (74) M haben. Die Ärmelmaschen auf einem Faden oder einer freien Rundstricknadel stilllegen und den zweiten Ärmel stricken.

RUNDPASSE

- ❋ Die Ärmel zwischen Vorder- und Rückenteil auf dieselbe Rundstricknadel nehmen. Vielleicht brauchst du eine etwas längere Rundstricknadel.
- ❋ Du solltest nun (300) 312 (320) 340 (364) M haben.
- ❋ Die ersten Rdn werden sich etwas holprig anfühlen, aber das wird nach einer Weile besser.

VERKÜRZTE REIHEN HINTEN

(können weggelassen werden)

- ❋ Strickst du ein paar verkürzte Reihen hinten in der Mitte, wird das Rückenteil etwas höher als das Vorderteil, was die Passform verbessert.
- ❋ Die verkürzten Reihen werden glatt rechts in Hin- und Rückreihen gestrickt.
- ❋ Einen Maschenmarkierer zwischen jedem Ärmel und dem Rückenteil und einen hinten in die Mitte einhaken. Bis zum Maschenmarkierer hinten in der Mitte stricken.
- ❋ **1. verkürzte Reihe (Vorderseite):** (36) 38 (40) 42 (44) M stricken, den Faden vor die Arbeit legen und 1 M abheben, wenden.
- ❋ **2. verkürzte Reihe (Rückseite):** Linke M bis zum Maschenmarkierer hinten in der Mitte und dann weitere (36) 38 (40) 43 (44) M stricken. Den Faden vor die Arbeit legen und 1 M abheben, wenden.
- ❋ **3. verkürzte Reihe (Vorderseite):** Bis zur Wendemasche stricken und

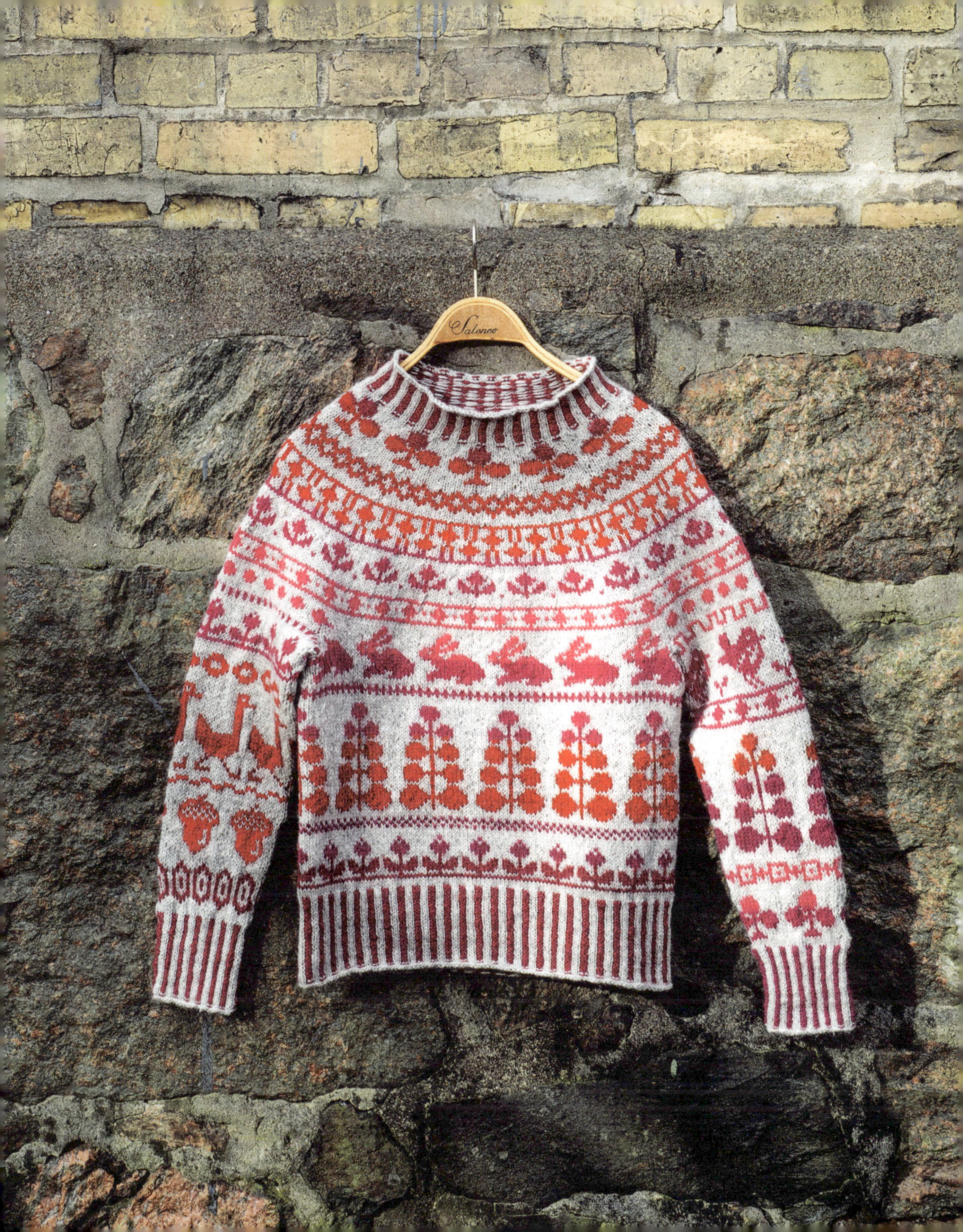

diese mit dem Faden, der beim Wenden um sie herumgelegt wurde, zusammenstricken, weitere 8 M stricken. Den Faden vor die Arbeit legen und 1 M abheben, wenden.

- **4. verkürzte Reihe (Rückseite):** Linke M bis zur Wendemasche stricken und diese mit dem Faden, der beim Wenden um sie herumgelegt wurde, zusammenstricken, weitere 8 linke M stricken. Den Faden vor die Arbeit legen und 1 M abheben, wenden.
- Die verkürzten Reihen 3 und 4 noch 3 weitere Male wiederholen.
- Weiter in Rdn stricken, in der nächsten Rd die übrigen Wendemaschen jeweils mit dem Faden, der beim Wenden um sie herumgelegt wurde, auf dieselbe Weise zusammenstricken wie vorher.
- (9) 9 (9) 10 (10) Rdn mit Bordüren nach Belieben stricken. Stimmt deine Strickarbeit mit der Anzahl der M oben überein, z. B. ein Muster wählen, dessen Rapport (6, 10, 12, 15, 20) 4, 6, 8, 12 (4, 8, 10, 16, 20) 4, 10, 20 (4, 7, 14) M hat.
- Wenn es dir nichts ausmacht, dass die Musterrapporte nicht ganz exakt aufgehen, einfach loslegen. Eine Rd mehr oder weniger spielt in der Höhe keine so große Rolle.
- Die Abnahme vorzugsweise in einfarbigen Rdn zwischen den Bordüren machen.
- **1. Abnahme-Rd:**
  (5) 5–6 (6–7) 5–6 (6–7) M stricken, die vorletzte gestrickte M über die zuletzt gestrickte M heben, von *–* fortlfd wdh bis zum Ende der Rd. Du solltest nun (240) 256 (272) 280 (304) M übrig haben.
  Eine Musterbordüre, die, inkl. evtl. einfarbiger Rdn zwischen den Bordüren, ca. 8 cm hoch ist, auswählen und stricken.
  Möchtest du, dass deine Musterbordüren exakt aufgehen, ein Muster wählen, dessen Rapport (4, 5, 6, 8, 10, 12, 15, 16, 20, 24) 4, 8, 16 (2, 4, 8, 16) 4, 8, 10, 20, (4, 8, 16) M hat.
- **2. Abnahme-Rd:**
  (6) 7–8 (8–9) 7 (6–7) M stricken, die vorletzte gestrickte M über die zuletzt gestrickte M heben, ebenso wie vorher von *–* fortlfd wdh bis zum Ende der Rd, bis (200) 220 (240) 240 (260) M übrig sind.
  Möchtest du, dass das Muster exakt aufgeht, eine Bordüre wählen, deren Rapport (4, 5, 8, 10, 20, 25) 4, 5, 10, 20 (4, 5, 6, 8, 10, 12, 15, 16, 20, 24) 4, 5, 6, 8, 10, 12, 15, 16, 20, 24 (4, 10, 20) M breit und 13–14 Rdn hoch ist. Oder zwei schmale Bordüren.
- **3. Abnahme-Rd:**
  (10) 6–7 (5) 5 (5) M stricken, die vorletzte gestrickte M über die zuletzt gestrickte M heben, von *–* fortlfd wdh bis zum Ende der Rd, bis (180) 184 (192) 192 (208) M übrig sind.
  Möchtest du, dass das Muster exakt aufgeht, eine Bordüre wählen, deren

Rapport (4, 5, 6, 10, 12, 15, 18, 20) 4, 8 (4, 6, 8, 12, 16, 32) 4, 6, 8, 12, 16, 32 (4, 8, 16) M breit und 8 Rdn hoch ist, und diese stricken.

❃ **4. Abnahme-Rd:**
(6) 5–6 (6) 6 (5–6) M stricken, die vorletzte gestrickte M über die zuletzt gestrickte M heben, von *–* fortlfd wdh bis zum Ende der Rd, bis (150) 150 (160) 160 (170) M übrig sind. Möchtest du, dass das Muster exakt aufgeht, ein Muster wählen, dessen Rapport (5, 6, 10, 15) 5, 6, 10, 15 (4, 8, 10, 16, 32) 4, 8, 16, 32 (5, 10) M hat. Eine Bordüre wählen, die 10–11 Rdn hoch ist, und diese stricken.

❃ **5. Abnahme-Rd:**
(4) 5 (5) 5 (5) M stricken, die vorletzte gestrickte M über die zuletzt gestrickte M heben, von *–* fortlfd wdh bis zum Ende der Rd, bis (113) 120 (128) 128 (136) M übrig sind.
Zu einer kurzen Rundstricknadel oder Nadelspiel Nadelstärke 3 mm wechseln und das Halsbündchen wie die übrigen Bündchen in Rippenmuster stricken, d. h. *2 rechte M, 2 linke M* fortlfd wdh bis zum Ende der Rd, ca. 4 cm stricken. Abketten, nicht zu fest.

ZUSAMMENNÄHEN

Alle Fäden vernähen und den Pullover blocken.

#heltoktroja

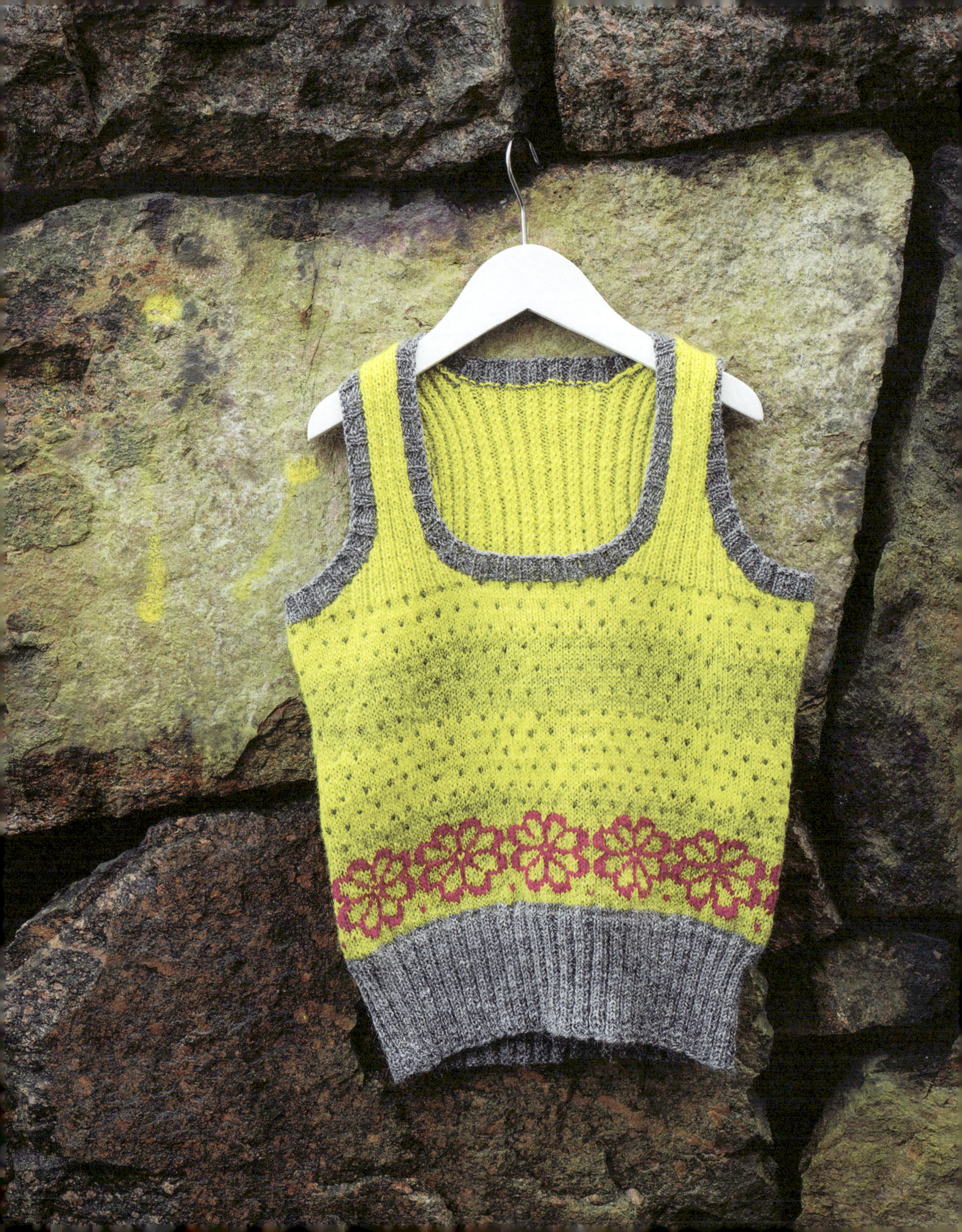

Pullunder-Top

Ein figurbetontes Top mit einem Hauch Unisex-Mode der 1970er

Ein Pullunder mag vielleicht ein wenig wie ein Relikt aus der Vergangenheit erscheinen, in den 1940er-Jahren jedoch war der gemusterte Pullunder eine Selbstverständlichkeit im Schrank eines jeden Jungen, und mit Hönsestrik bekam er später eine richtige Paraderolle, vorzugsweise als zeittypisches Unisex-Modell. Dieser Pullunder hier, der auch wie ein Top getragen werden kann, ist inspiriert von einem Modell aus den 1970ern. Mit einer Rundstricknadel werden bis auf Höhe des Armausschnitts Jacquardmuster in Runden gestrickt, danach werden Vorder- bzw. Rückenteil mit einfarbigem Rippenmuster in Hin- und Rückreihen gestrickt. Die Rippenstrickweise sorgt dafür, dass der Unterschied im Volumen zwischen dem Jacquardmuster und den einfarbigen Teilen nicht so groß wird.

Größe: nach persönlichen Maßen

Garn: (Järbö Gästrike tvårtrådigt) 2-fädiges Wollgarn (aus 100 % Wolle), Lauflänge 300 m/100 g

Menge: für Größe M ca. 200 g

Nadeln: Rundstricknadeln, Nadelstärke 2,5 mm (40 und 60 cm lang) und Rundstricknadel, Nadelstärke 3 mm (60 oder 80 cm lang)

Maschenprobe: 26 Maschen auf 10 cm mit Nadelstärke 3 mm oder nach Augenmaß

Zubehör: Maschenmarkierer, Maßband, Stopfnadel, Schere

❋ Den Taillenumfang messen. Möchtest du eine lockerere Passform, ein paar cm dazu addieren. Die

Anzahl der M berechnen: Taillenumfang × Fadenspannung, z. B. 80 cm × 2,6 M = 208 M. So anpassen, dass die Anzahl der M durch 4 teilbar ist.

- Die M auf der dünneren Rundstricknadel (60 cm lang) anschlagen. Für das Rippenmuster *2 rechte M, 2 linke M* stricken, von *–* fortlfd wdh bis zum Ende der Rd, 8 cm stricken.
- Zur dickeren Rundstricknadel wechseln und *15 rechte M stricken. 1 M verschränkt aus dem Querfaden zwischen 2 linken M zunehmen*, von *–* fortlfd wdh bis zum Ende der Rd. Einen Maschenmarkierer pro Seite einhaken.
- Mit Mustern und Farben nach Belieben in Rdn glatt rechts weiterstricken.
- Misst die ganze Arbeit ca. 20 cm, an den Seiten zunehmen. Bis zu 1 M vor dem Maschenmarkierer stricken, 1 M verschränkt aus dem Querfaden zunehmen, 1 rechte M stricken, 1 rechte M nach dem Maschenmarkierer stricken, 1 M verschränkt aus dem Querfaden zunehmen. Auf diese Weise in jeder 4. Rd zunehmen. Nachmessen oder anprobieren (die Arbeit dazu auf eine lange Rundstricknadel nehmen, damit keine M verloren gehen), damit die Maße der Arbeit mit deinen übereinstimmen. Stricken, bis die Arbeit von der Hüfte bis zum Armausschnitt reicht.
- Ab hier die Arbeit in der Mitte teilen und das Vorder- bzw. Rückenteil jeweils in Hin- und Rückreihen weiterstricken.
- Die Maße des Armausschnitts ausmessen. Dazu das Maßband zu einem Kreis formen und festlegen, wie groß der fertige Armausschnitt werden soll. Miteinberechnen, dass ein Bündchen um den Armausschnitt hinzukommt. Gerne im Spiegel überprüfen.

VORDERTEIL

- Die 18 M ganz vorne in der Mitte auf einem Faden stilllegen, ab hier werden beide Seiten des Vorderteils separat gestrickt. Zur dünneren Rundstricknadel wechseln. Für das einfarbige Rippenmuster *2 rechte M, 2 linke M* stricken, von *–* fortlfd wdh bis zur letzten M. Bis zum Halsausschnitt 2 × 2 M und danach 3 × 1 M abketten. *Gleichzeitig* an der Seite den Armausschnitt formen: 10 M in der 1. Reihe abketten, danach 4 × 2 M, und dann in jeder 2. Reihe 1 M, bis die gewünschte Schulterbreite erreicht ist. Beachten, dass gerippte Ränder hinzukommen. Die Anzahl der abgeketteten M einprägen. Danach nach oben weiterstricken, bis der Armausschnitt der Hälfte des ausgemessenen Armausschnitts entspricht, vom Maschenmarkierer an der Seite her gemessen. Abketten. Den zweiten Teil des Vorderteils genau spiegelverkehrt stricken.

RÜCKENTEIL

Ebenso wie vorne einfarbiges Rippenmuster stricken. Für den Armausschnitt ebenso wie beim Vorderteil abketten (d. h. mit derselben Anzahl Abkettmaschen). Nach oben weiterstricken, bis die Arbeit 2 cm kürzer als die Hälfte des Armausschnitts ist. Dann die 24 mittigsten M auf einem Faden stilllegen. Beide Träger werden separat gestrickt. Vom Halsausschnitt aus 2 M in der 1. Reihe, danach 2 × 1 M am Beginn der Reihe abketten. Weiterstricken, bis das Rückenteil ebenso hoch ist wie das Vorderteil. Darauf achten, dass die Träger gleich breit sind. Abketten. Den zweiten Träger genau spiegelverkehrt stricken.

ZUSAMMENNÄHEN UND BÜNDCHEN

Die Träger zusammennähen. Alle Fäden vernähen.

Mit der dünneren Rundstricknadel (40 cm lang) rund um die Armausschnitte und den Halsausschnitt M aufnehmen, die Anzahl der M sollte durch 4 teilbar sein. Für das Rippenmuster *2 rechte M, 2 linke M* stricken, von *–* fortlfd wdh bis zum Ende der Rd, 6 Rdn stricken. Von der Vorderseite aus abketten, nicht zu fest.

Die übrigen Fäden vernähen und das Top blocken.

VARIATION

Macht es dir nichts aus, Muster in Hin- und Rückreihen zu stricken, kannst du das Rippenmuster oben dadurch ersetzen.

Fotos von weiteren Pullunder-Tops findest du auf den Seiten 4 und 102.

#slipoverlinne

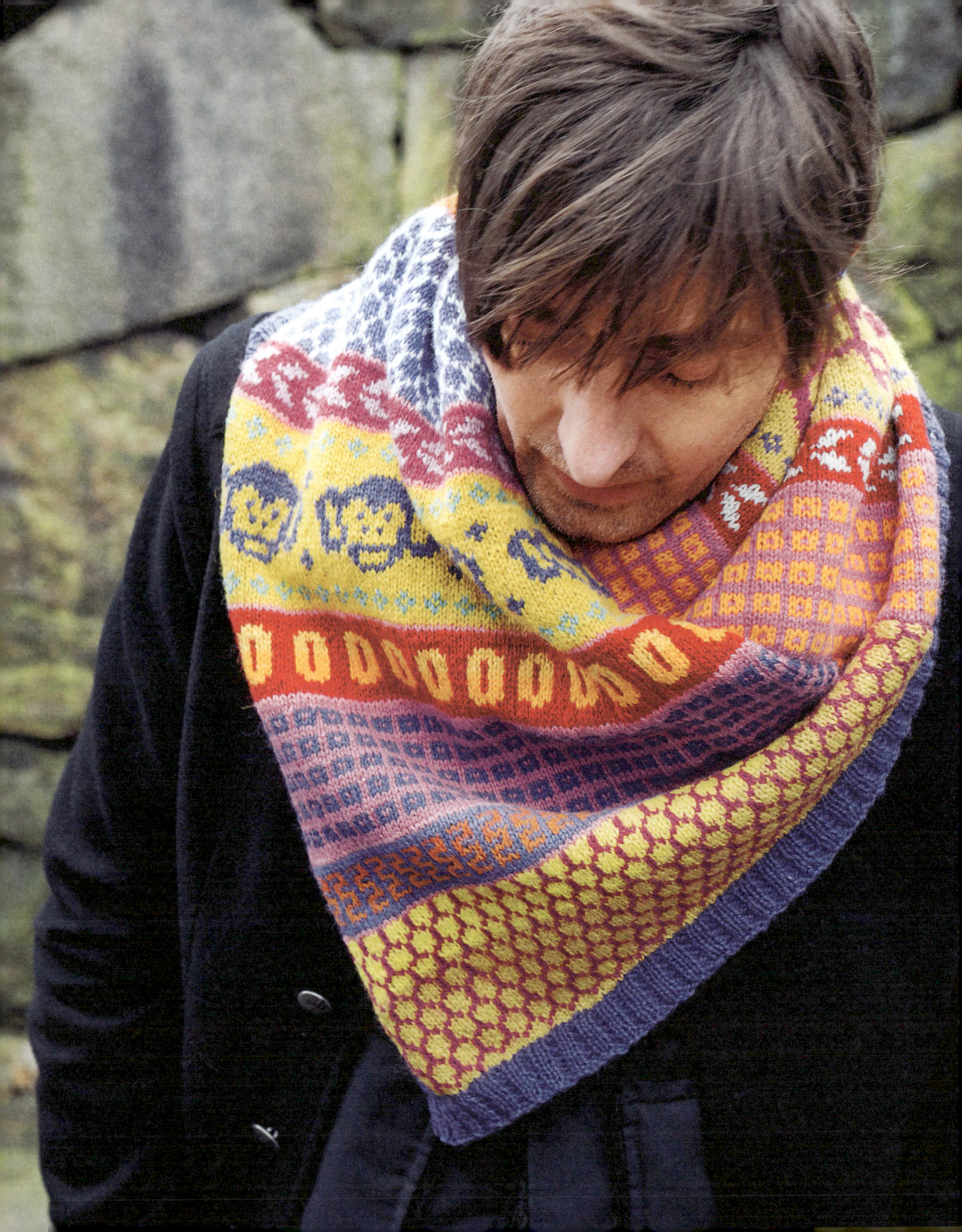

Chickenwrap

Ein wärmendes Halstuch im Grenzland zwischen Schal und Poncho

Dieser »Wrap« kann auf zwei Arten gestrickt werden: in Hin- und Rückreihen glatt rechts oder aber in Runden wie eine Eistüte, die dann gesteekt wird. Wenn du ausprobieren möchtest, Jacquardmuster in Hin- und Rückreihen zu stricken, ist dies ein ausgezeichnetes Projekt, um damit zu beginnen: Wechsle zwischen gemustert gestrickten Partien und einfarbigen Reihen ab.

Größe: ca. 110 cm Durchmesser an der breitesten Stelle. Diese Größe passt den meisten.
Garn: (z. B. Rauma Finull) 2-fädiges Wollgarn (aus 100 % Wolle), Lauflänge 175 m/50 g, in verschiedenen Farben
Menge: ca. 200 g
Nadeln: Rundstricknadel, Nadelstärke 3 mm (40 cm lang, wenn du mit der Rundstricknadel strickst, beliebig lang, wenn du in Hin- und Rückreihen strickst)
Zubehör: Stopfnadel, Schere

❋ 100 M auf Rundstricknadel anschlagen. Hast du dich für das Steeken entschieden, 5 M zum Aufschneiden dazu addieren. In Hin- und Rückreihen oder in Rdn stricken. Muster und Farben deiner Wahl in der Reihenfolge deiner Wahl aussuchen.

❋ Stricken, bis die Arbeit 100–110 cm misst. Abketten und die Fäden vernähen.

❋ Wenn du steekst: Mit dem Zickzackstich auf der Nähmaschine links und rechts der mittigsten M, entlang derer geschnitten wird, nähen. Dann auf beiden Seiten einen geraden Saum innerhalb des Zickzacksaums nähen. Tief Luft holen und zwischen den Säumen aufschneiden.

❋ Blocken oder vorsichtig bügeln. Die eine kurze Seite bündig an die gegenüberliegende lange Seite auf der Innenseite zusammennähen, wie das Bild auf Seite 63 zeigt.

- M entlang der gesamten Außenränder aufnehmen, jede 4. oder 5. Reihe überspringen und dann weitere 10 M anschlagen (sie sollen eine Partie bilden, die an der Spitze aufeinandertrifft, um einen schönen Rand zu bilden). Für das Rippenmuster *2 rechte M, 2 linke M* stricken, von *–* fortlfd wdh bis zum Ende der Rd, ca. 6 Rdn stricken. Von der Vorderseite aus abketten.
- M entlang des Halsausschnitts aufnehmen. Hinten in der Mitte beginnen und darauf achten, dass die Anzahl der M durch 4 teilbar ist. Für das Rippenmuster ebenso wie am unteren Rand *2 rechte M, 2 linke M* stricken, von *–* fortlfd wdh bis zum Ende der Rd, ca. 10 Rdn stricken. Abketten.
- Die Fäden vernähen und blocken oder vorsichtig unter einem feuchten Tuch bügeln.
- Soll die Innenseite ordentlicher sein, die Naht mit einem hübschen Band verdecken, das von Hand mit kleinen Stichen angenäht wird.

#chickenwrap

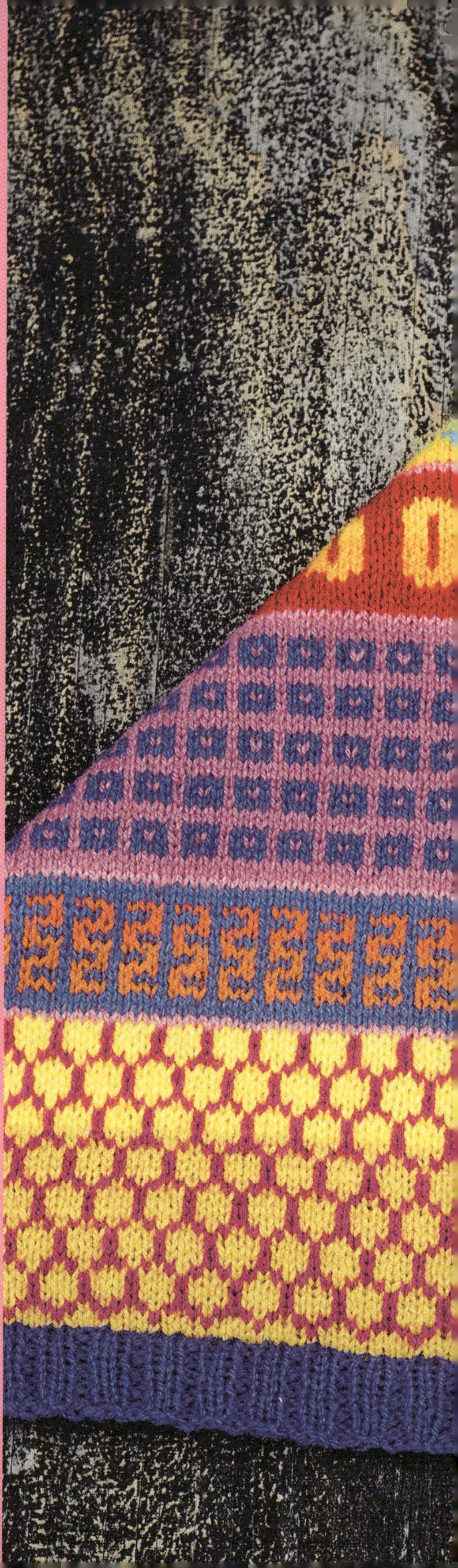

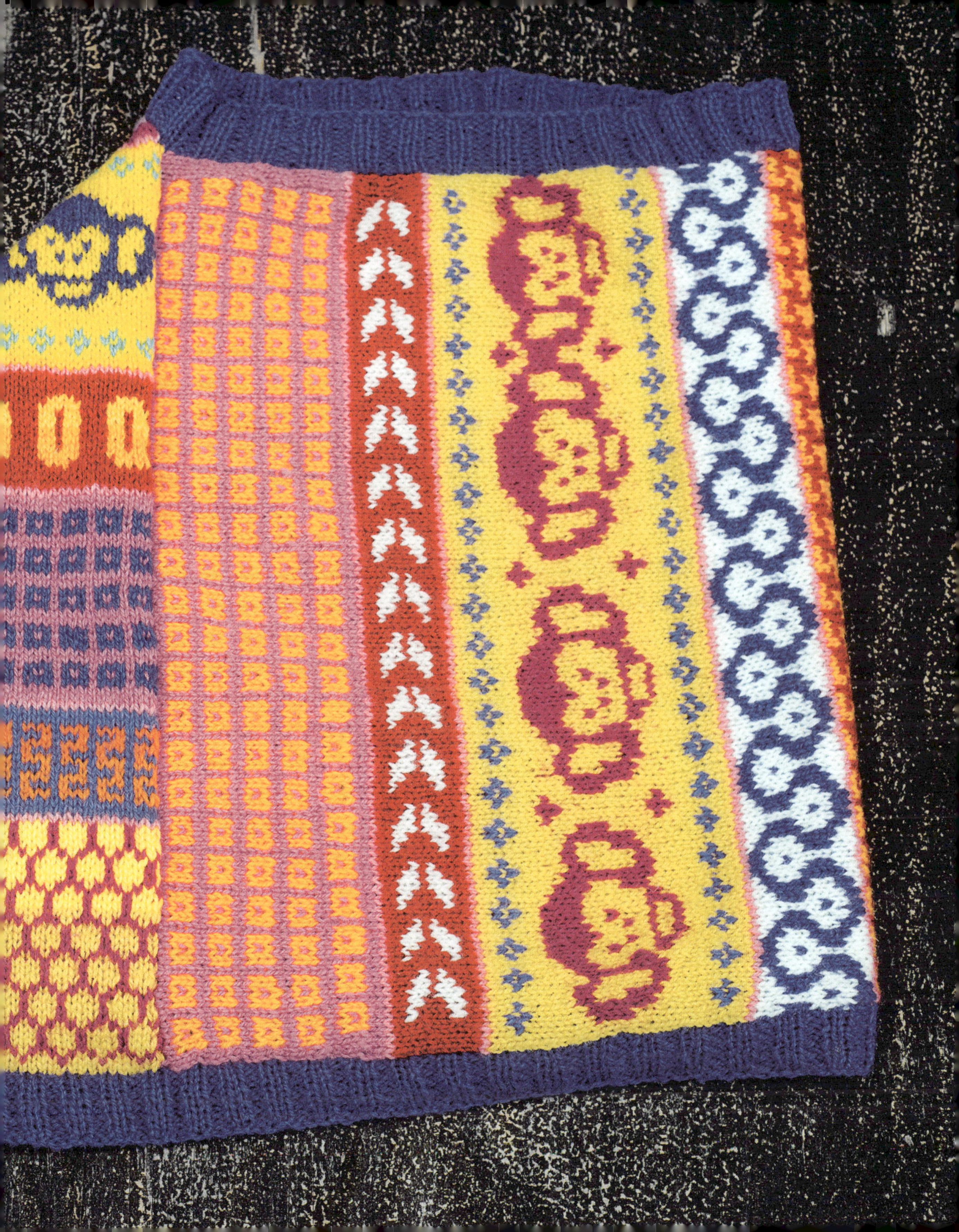

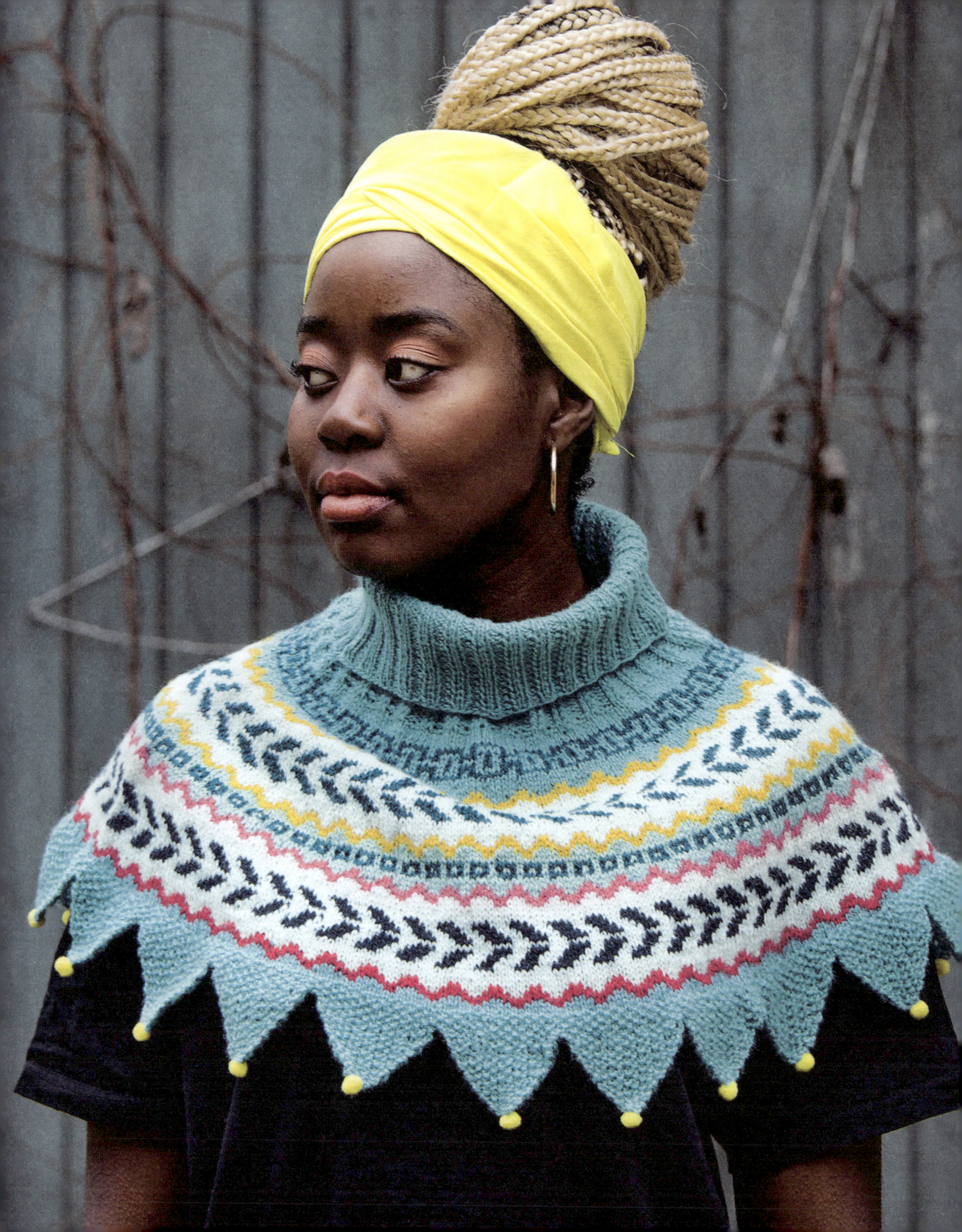

Pseudopulli 2.0
Krageneinsatz mit Rollkragen oder Polokragen

Die aktualisierte Version eines klassischen Pullikragens mit Rollkragen oder Polokragen. Erwachsenen passen beide Größen, der Unterschied ist, dass die größere weiter über die Schultern reicht. Die kleine Größe passt auch Kindern ab ca. 5 Jahren.

Größe: klein (groß)
Garn: (Rauma Finull oder) 2-fädiges Wollgarn (aus 100 % Wolle), Lauflänge 175 m/50 g
Menge: ca. 100 (160) g
Nadeln: Rundstricknadel, Nadelstärke 3 mm (40 oder 60 cm lang)
Maschenprobe: 26 Maschen auf 10 cm mit Nadelstärke 3 mm
Zubehör: Maschenmarkierer, Stopfnadel, Pomponborte (wenn du magst), Nähnadel, Nähfaden, Schere

❋ Der Pseudopulli wird mit der Rundstricknadel in Runden von oben nach unten gestrickt.
❋ 124 (140) M auf der Rundstricknadel (40 cm lang) anschlagen.

KRAGEN

❋ Rollkragen: Für das Rippenmuster *2 rechte M, 2 linke M* stricken, von *–* fortlfd wdh bis zum Ende der Rd, ca. 12 (16) cm stricken, bis der Kragen so hoch wie gewünscht ist. (Achtung, er wird auf die Hälfte umgeklappt!)
❋ Einen Maschenmarkierer einhaken, wo die Rd beginnt = Mitte hinten.
❋ Polokragen: Wird ebenso wie der Rollkragen gestrickt, aber in Hin- und Rückreihen anstelle von Rdn.
❋ Nach dem Kragen glatt rechts in Rdn weiterstricken. Die Musterrunde gerne hinten in der Mitte oder an der Seite beginnen lassen.

❋ **1. Zunahme-Rd:**
In der 1. Rd 1 M nach jeder 4. M verschränkt aus dem Querfaden

zwischen 2 linken M zunehmen. Eine Bordüre von 12 cm Höhe stricken.

❋ **2. Zunahme-Rd:** Nach jeder 4. M zunehmen. Eine Bordüre von ca. 8 cm Höhe stricken.

❋ **3. Zunahme-Rd:** Nach jeder 5. M zunehmen. Eine Bordüre von ca. 12 cm Höhe stricken.

❋ **4. Zunahme-Rd:** Nach jeder 6. M zunehmen. Eine Bordüre von ca. 8 cm Höhe stricken.

❋ Stricken, bis die Arbeit inkl. Kragen ca. 25 (35) cm misst.

❋ Zu einer längeren Rundstricknadel wechseln, falls nötig.

❋ 4–6 Rdn Perlmuster und dann Perlmuster-Spitzen von ca. 15–20 cm Breite stricken. Eine Spitze nach der anderen in Hin- und Rückreihen stricken. Nach ca. 3 Reihen 1 M am Beginn jeder Reihe abnehmen, bis 4 M übrig sind. Abketten.

❋ Den Rand entlang Spitzen stricken.

❋ Alle Fäden vernähen. Evtl. Pompons von einer Pomponborte an alle Spitzen nähen.

❋ Die Arbeit befeuchten, vorsichtig in die richtige Form ziehen (oder blocken) und auf einer ebenen Unterlage trocknen lassen.

❋ Vorne in der Mitte evtl. mit einer Kordel oder einer Schleife verzieren, wenn du möchtest. Die Kordel auf dem Bild wird I-Cord oder I-Kordel genannt und wird mit einer Strickmühle oder einer Strickliesel gemacht. Sie kann auch mithilfe zweier Strumpfstricknadeln gestrickt werden, siehe Beschreibung unten. Ein hübsches Band nach Belieben geht natürlich auch gut.

I-CORD ODER I-KORDEL

Eine rasch gestrickte Kordel, die man für alles gebrauchen kann. Sie wird mit zwei Strumpfstricknadeln gestrickt. Z. B. 5 M anschlagen (je mehr M, desto dicker die Kordel). Anstelle zu wenden und zurückzustricken, die M ans andere Ende der Nadel schieben. Der Faden kommt dann aus der »falschen Richtung«, aber genau das ist der Punkt. Die M stricken und darauf achten, in den ersten Reihen etwas fester anzuziehen. Ergebnis ist ein schmaler, rundgestrickter Schlauch. Weiterstricken, bis die Kordel so lang ist, wie du möchtest.

PERLMUSTER

❋ **1. Reihe:** *1 rechte M, 1 linke M*, von *–* fortlfd wdh bis zum Ende der Rd.

❋ **2. Reihe:** *1 linke M auf eine rechte M, 1 rechte M auf eine linke M* stricken, von *–* fortlfd wdh bis zur letzten M.

❋ Diese beiden Reihen wiederholen.

#fuskolle2.0

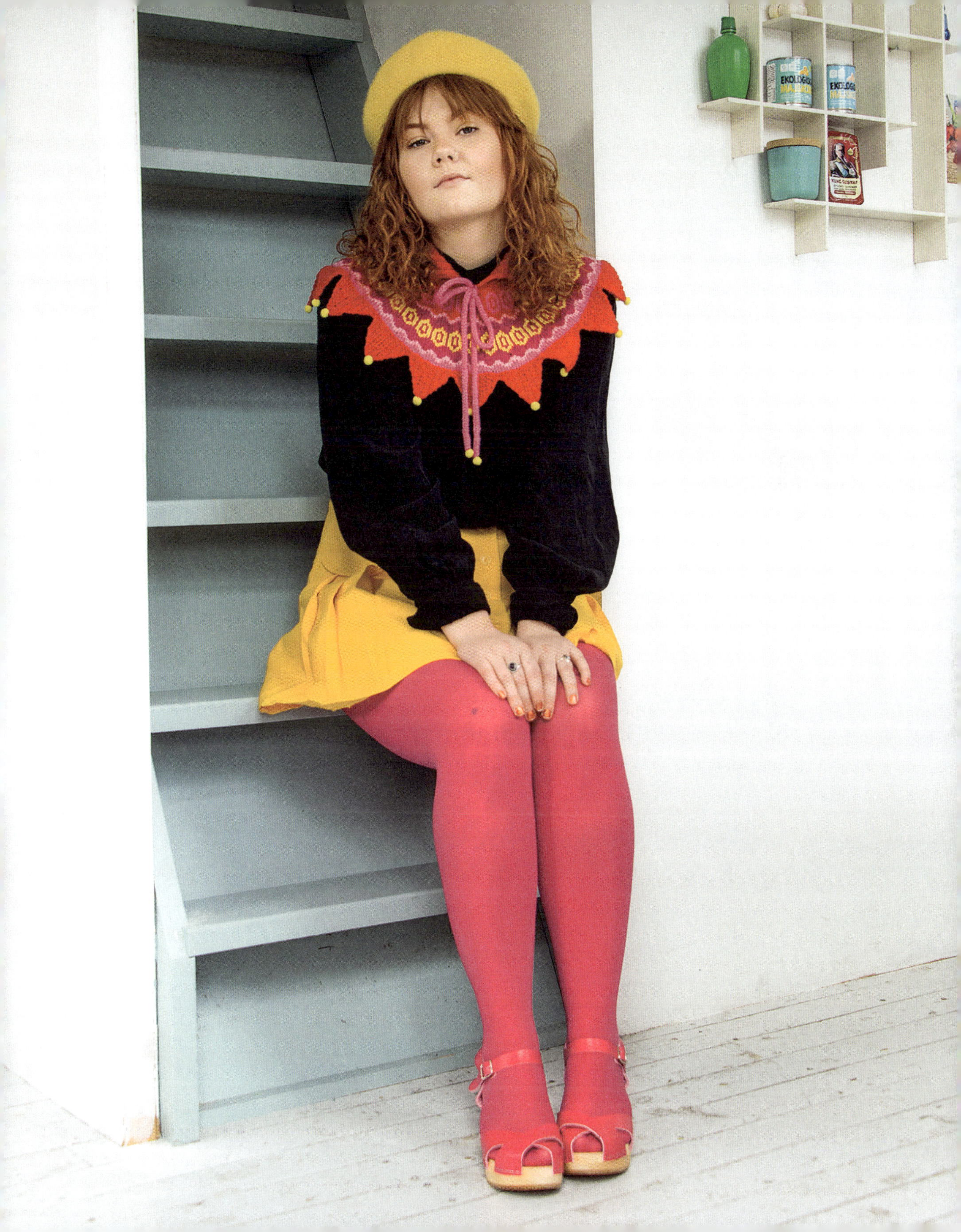

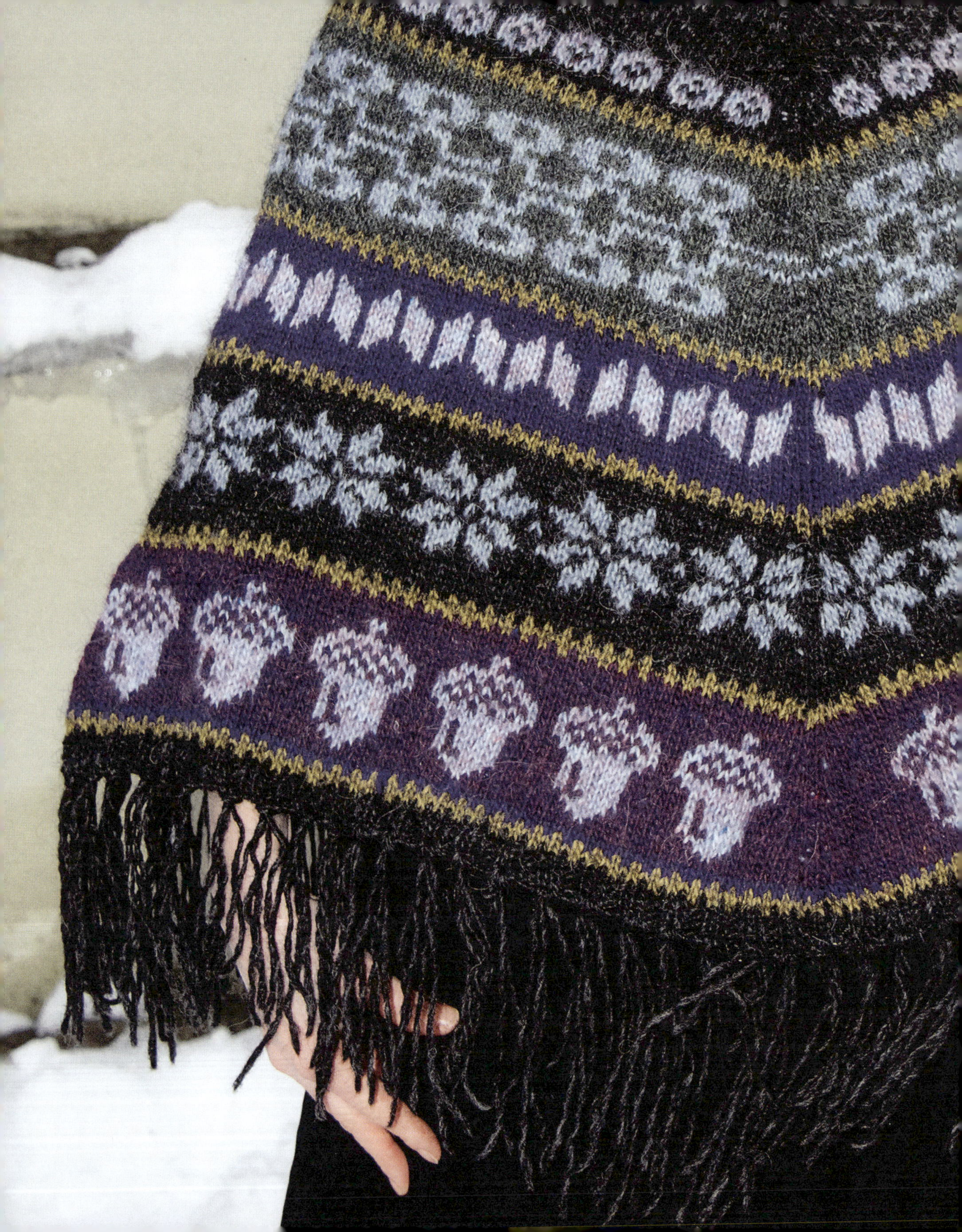

Unheimlich heimeliger Poncho

Poncho mit Polokragen

Am Poncho scheiden sich die Geister, alle haben eine ausgeprägte Meinung zu ihm. Aber unabhängig davon, ob du zu denen gehörst, die Ponchos lieben, solltest du wissen, dass dieser hier sich richtig gut für Strickanfänger eignet! Du entscheidest selbst, wie lang dein Poncho sein soll. Wird er kurz gestrickt, kann er als »Pseudopulli« unter der Jacke verwendet werden; eine lange Variante wärmt deinen ganzen Oberkörper.

Größe: One size. Die unbestimmte Passform sorgt dafür, dass er vielen Größen passt. Möchtest du einen Poncho trotzdem größer oder kleiner, ist es natürlich kein Problem, M oder Reihen hinzuzufügen oder wegzulassen. In der Anleitung misst die Schulterpartie ca. 100 cm.

Garn: (Létloppi) Islandwolle (aus 100 % Wolle), Lauflänge 100 m/50 g

Menge: ca. 450 g

Nadeln: Rundstricknadeln, Nadelstärke 3,5 und 4 mm (40 und 80 cm lang)

Maschenprobe: 20 Maschen auf 10 cm mit Nadelstärke 4 mm

Zubehör: Maschenmarkierer, Stopfnadel, Schere

❋ Der Poncho wird mit einer Rundstricknadel von oben nach unten gestrickt.

❋ 120 M auf der dünneren Rundstricknadel (40 cm lang) anschlagen. Für das Rippenmuster in Hin- und Rückreihen *2 rechte M, 2 linke M* stricken, von *–* fortlfd wdh bis zur letzten M, ca. 12 cm stricken. Für einen Rollkragen in Rdn stricken, ca. 16 cm bzw. so hoch, wie der Kragen gewünscht ist. (Achtung, er wird auf die Hälfte umgeklappt!)

- Zur dickeren Rundstricknadel wechseln. Die ganze Reihe über immer 1 M verschränkt aus dem Querfaden zwischen 2 linken M zunehmen. Du solltest nun 150 M haben.
- Glatt rechts in Rdn weiterstricken. Hier mit den Mustern beginnen. Maschenmarkierer hinten und vorne in der Mitte einhaken. Den Poncho in Rdn stricken und auf beiden Seiten der Maschenmarkierer hinten und vorne M zunehmen. Bis zur letzten M vor dem Maschenmarkierer stricken, 1 M, nicht verschränkt, aus dem Querfaden zunehmen, 1 rechte M stricken, den Maschenmarkierer abheben, 1 rechte M stricken, 1 weitere M, nicht verschränkt, aus dem Querfaden zunehmen. Diese 4 Zunahmen in jeder 2. Rd stricken. Die beiden M zwischen den Zunahmen immer in der Kontrastfarbe stricken.
- Ist der Poncho unterhalb der Schulter angelangt, können die Zunahmen stattdessen alle 3 oder 4 Rdn gestrickt werden, solltest du deinen Poncho nicht ganz so weit mögen. Bis zur gewünschten Länge stricken. Falls nötig, zu einer längeren Rundstricknadel wechseln.
- Weil die Anzahl der M des Ponchos immer vorne und hinten in der Mitte zunimmt, ist es schwer, wenn nicht sogar unmöglich, dass der Musterrapport ganz exakt aufgeht. Der Umgang mit dem Musterbild ist eine Frage von Präferenz, Geschmack und Persönlichkeit. Du kannst die Bordüren zusammenstoßen und neue Musterkonstellationen bilden lassen oder kleine Muster wählen, bei denen es nicht so auffällt, wenn das Muster nicht exakt aufgeht.
- Mit einem gerippten Rand abschließen: *2 rechte M, 2 linke M* stricken, von *–* fortlfd wdh bis zum Ende der Rd, ca. 3 Rdn stricken. Abketten.
- Alle Fäden vernähen. Fransen festknoten.
- Den Poncho befeuchten, ausbreiten und trocknen lassen.

#mysigrysligponcho

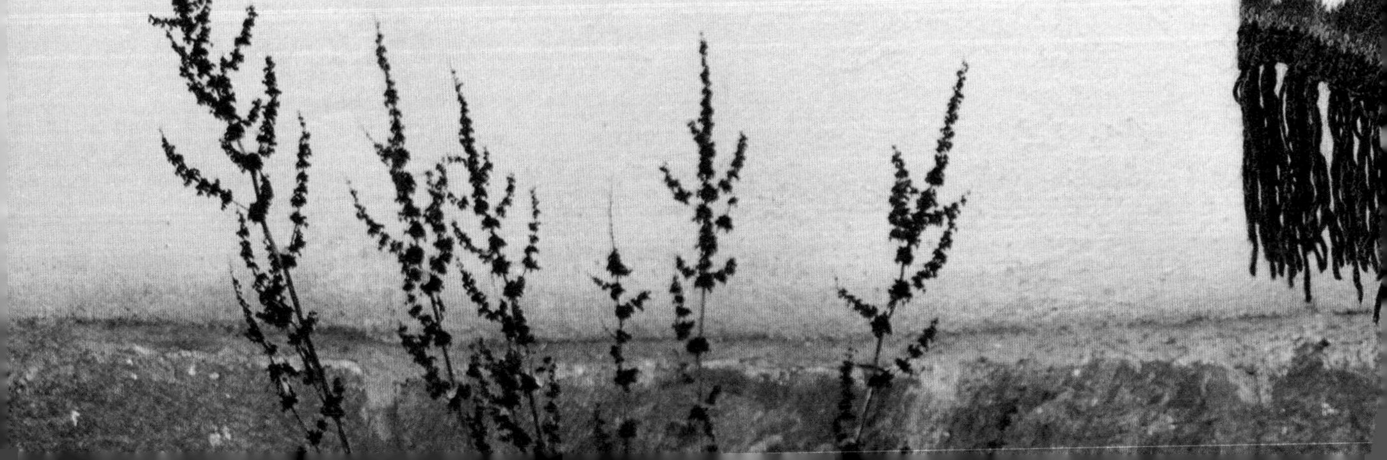

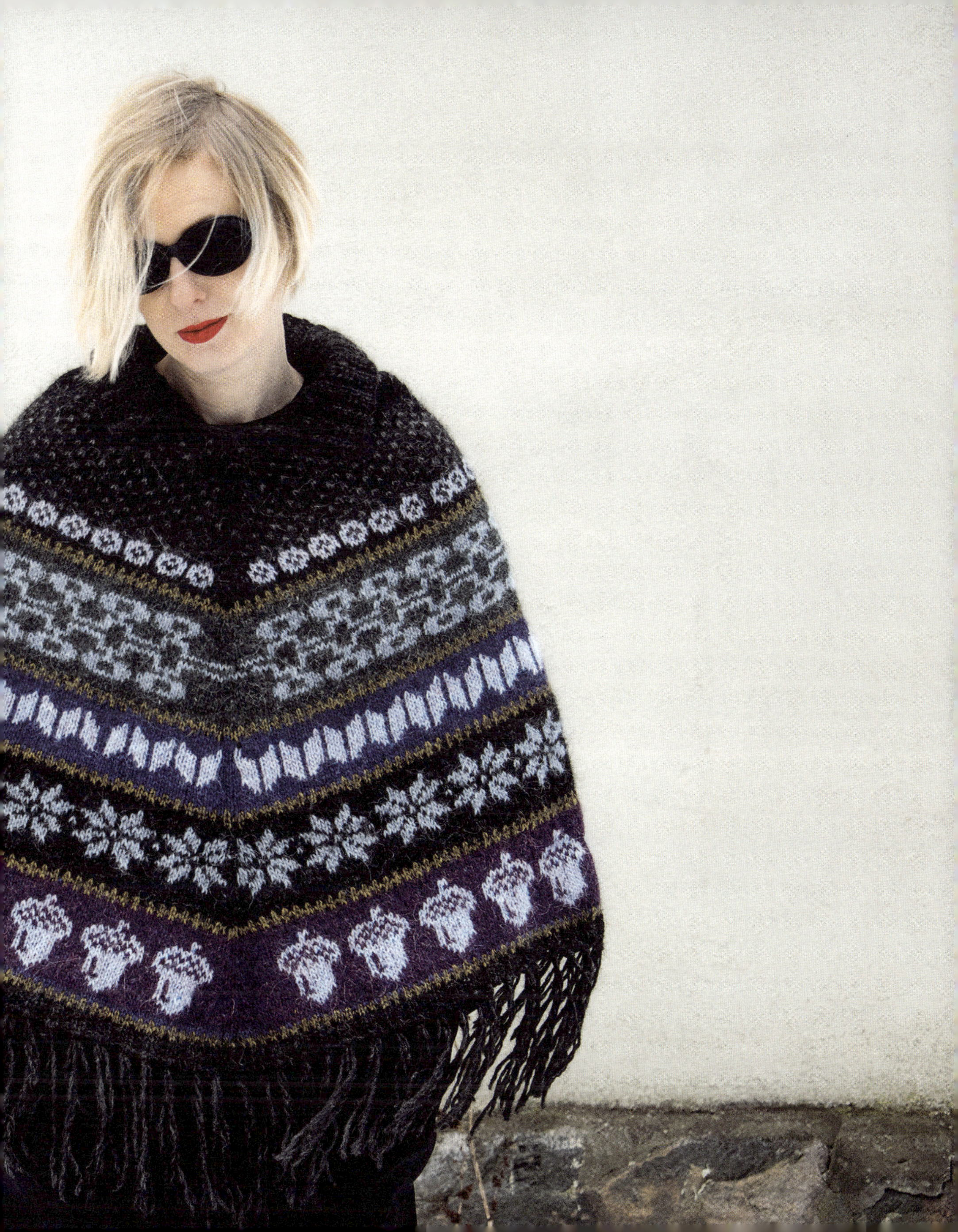

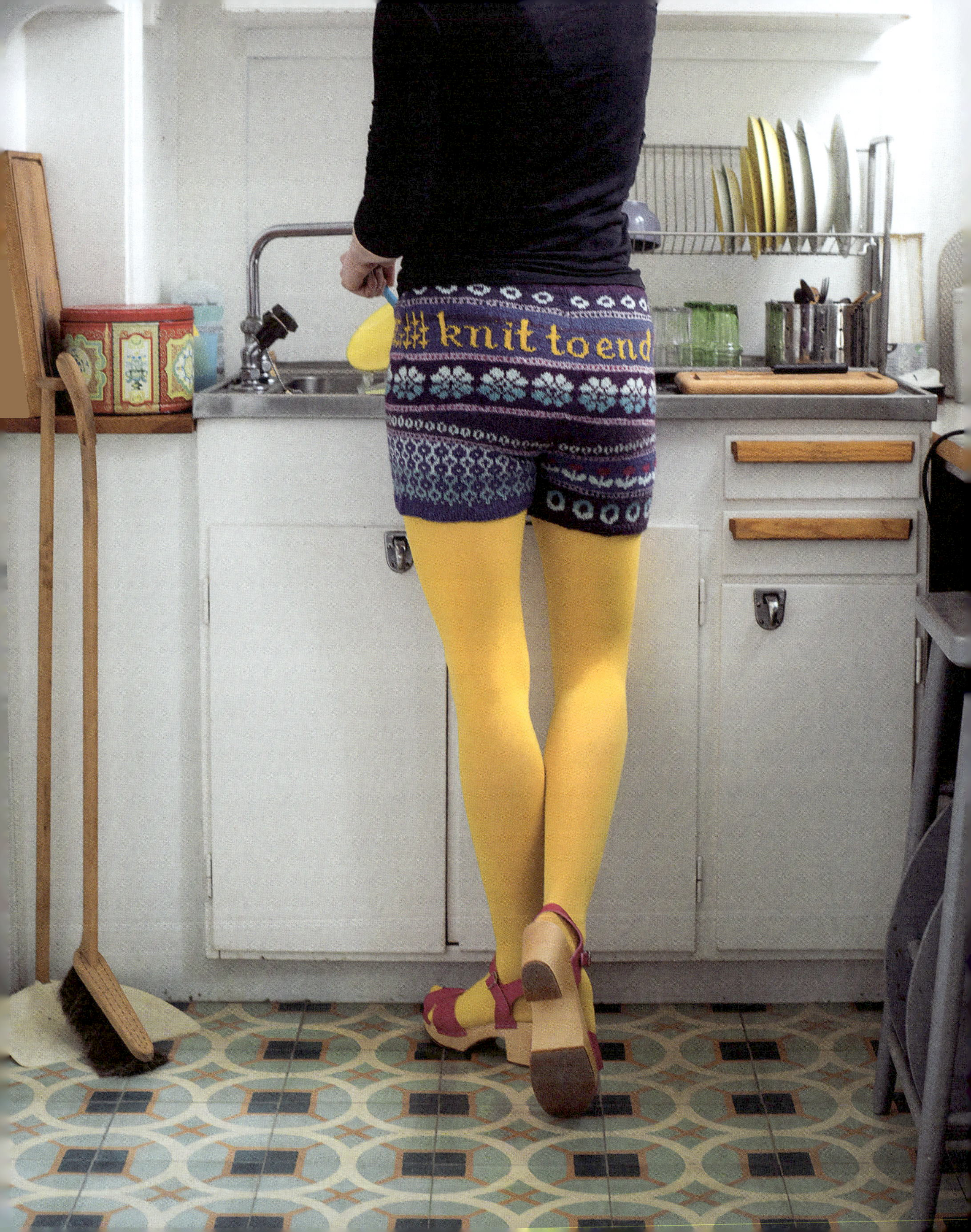
knit to end

Heiße Liebestöter à la Hönsestrik

Hosen mit verkürzten Runden – der Passform wegen

Dein Po soll nicht frieren, richtig? Diese Liebestöter werden nach deinen persönlichen Maßen von unten nach oben gestrickt. Und wie bei allen anderen Anleitungen im Buch auch, entscheidest du selbst, welche Muster und Bordüren du verwenden möchtest. Auf der Rückseite wird für eine bessere Passform ein Stück in verkürzten Reihen gestrickt. In der Anleitung werden zwei mögliche Alternativen für diese Partie zu Wahl gestellt, entscheide dich für eine davon! Wo du sie platzierst, ist v. a. eine Frage der Ästhetik, die Passform wird ungefähr gleich.

Garn: (z. B. Rauma Finull oder Järbos Gästrike) 2-fädiges Wollgarn (aus 100 % Wolle), Lauflänge 175 m/50 g

Menge: für Größe M entsprechend der Anleitung ca. 200 g

Nadeln: Rundstricknadeln, Nadelstärke 2,5 mm (40 und 60 cm lang)

Maschenprobe: 28 Maschen auf 10 cm, d. h. 2,8 Maschen pro cm. Bist du hinsichtlich der Fadenspannung unsicher, mach eine Maschenprobe und berechne entsprechend deine eigene Fadenspannung!

Zubehör: Maßband, Taschenrechner, Maschenmarkierer, Stopfnadel, Nadel und Faden, elastisches Gummiband oder anderes Band, Schere

❋ An Taille, Gesäß und Oberschenkel Maß nehmen.

BEINE

- ❋ Mit einem Bein beginnen. Die Anzahl der M berechnen: Oberschenkelumfang × 2,8 (bzw. deine eigene Fadenspannung). Auf Rundstricknadel anschlagen und auf eine gerade Anzahl von M achten. Für das Rippenmuster *1 rechte M, 1 linke M* stricken, von *–* fortlfd wdh bis zum Ende der Rd, ca. 5 oder mehr Rdn stricken, falls du einen breiteren Rand möchtest.
- ❋ Glatt rechts 2 cm weiterstricken, dann beim Stricken beliebiger Muster oder Bordüren 1 M in jeder 2. Runde an der »Innennaht« des Beins zunehmen. Die Musterbordüre möglichst an der »Innennaht« des Beins beginnen. Weil die Anzahl der M ständig steigt, ist es schwierig, die Muster exakt aufgehen zu lassen. Hat man die Hose an, sieht man das aber nicht. Finde dich also damit ab!

SCHRITT

- ❋ Misst das Bein 11 cm (bzw. so viele du möchtest), 8 cm so verteilt abketten, dass für die Vorderseite 3 cm vor der »Innenbeinnaht« und für die Hinterseite 5 cm nach der »Innenbeinnaht« abgekettet werden.
- ❋ Von hier an in Hin- und Rückreihen weiterstricken, nächste Reihe: 2 M vorne und 3 M hinten abketten. Dann zu Beginn jeder Reihe 1 M vorne und 1 M hinten abketten, bis noch × M auf der Nadel übrig sind (× = 2,8 × dein Hüftumfang (oder deine eigene Fadenspannung) geteilt durch 2).
- ❋ Das Hosenbein beiseitelegen und das zweite Bein genauso stricken, allerdings mit den abgeketteten M im Schritt auf der entgegengesetzten Seite, um ein rechtes und ein linkes Hosenbein zu erhalten.

GESÄSS

- ❋ Beide Beinteile auf eine Rundstricknadel nehmen und glatt rechts in Rdn weiterstricken. Maschenmarkierer hinten in der Mitte, an den Seiten und zwei Stück an der Vorderseite, ca. 10 cm von den Seiten aus nach innen gemessen einhaken.
- ❋ Die Partie entweder hier mit verkürzten Reihen stricken *oder* weiter oben, genau unter dem Bund. Anleitung siehe Infokasten auf der nächsten Seite.
- ❋ Muster und Bordüren nach Belieben in Rdn weiterstricken. Misst die Arbeit 25 cm, mit der Maschenabnahme an den Seiten beginnen: Je 1 M *links und rechts* von den Seitenmarkierern abnehmen. Auf der Vorderseite *nur* 1 M vor jedem Maschenmarkierer abnehmen.
- ❋ Diese Abnahmen für etwa 5 cm in jeder 3. Rd wdh. Immer wieder kontrollieren, ob sie mit deinen Maßen übereinstimmen. Wird der Taillenumfang der Liebestöter etwas größer als die berechneten Maße, macht das nichts, weil an der Taille ein Gummiband oder eine Kordel eingezogen

wird. Wichtig ist es dagegen, dass der Taillenumfang nicht zu gering ist, dein Po muss schließlich hindurchpassen!

- Die Arbeit sollte nun 30 cm messen (an der Seite abgemessen).
- Jetzt die verkürzten Reihen stricken, so nicht schon vorher geschehen. Siehe Anleitung im Infokasten rechts.
- Möchtest du die Taille noch schmäler machen, dann am Maschenmarkierer für die Mitte hinten. Hast du dich für die verkürzten Reihen auf dieser Höhe entschieden, lässt sich beides gut in einem Aufwasch erledigen.

BUND

- 1 cm stricken, vorne ein Knopfloch machen, wenn du eine Kordel zum Binden möchtest. (Knopfloch: In der Mitte 3 M abketten, in der nächsten M 3 M anschlagen, wo du abgekettet hast). Bevorzugst du ein Gummiband an der Taille, vergiss das Knopfloch.
- 1 weiteren cm stricken. 1 Rd links stricken. 2 cm glatt rechts stricken. Locker abketten.

ZUSAMMENNÄHEN

Das Loch im Schritt zusammennähen, die Fäden vernähen und vorsichtig bügeln. Den Bund auf Höhe der links gestrickten Runde umklappen und mit unsichtbarem Matratzenstich annähen. Eine Kordel oder ein Gummiband einziehen.

VERKÜRZTE REIHEN HINTEN IN DER MITTE (Mehr Platz für den Po!)

- Durch das Stricken einiger verkürzter Reihen wird die Rückseite etwas höher als die Vorderseite, was die Passform verbessert.
- Die verkürzten Reihen werden in Hin- und Rückreihen gestrickt. Am einfachsten ist es natürlich, diese Partie einfarbig zu stricken, aber wenn du dich selbst herausfordern möchtest, kannst du natürlich auch hier Muster stricken!
- **1. verkürzte Reihe (Vorderseite):** 7 M stricken, den Faden vor die Arbeit legen und 1 M abheben, wenden.
- **2. verkürzte Reihe (Rückseite):** 14 linke M stricken. Den Faden vor die Arbeit legen und 1 M abheben, wenden.
- **3. verkürzte Reihe (Vorderseite):** Bis zur Wendemasche stricken und diese mit dem Faden, der beim Wenden um sie herumgelegt wurde, zusammenstricken, weitere 7 M stricken. Den Faden vor die Arbeit legen und 1 M abheben, wenden.
- **4. verkürzte Reihe (Rückseite):** Linke M bis zur Wendemasche stricken und diese mit dem Faden, der beim Wenden um sie herumgelegt wurde, zusammenstricken, weitere 7 linke M stricken. Den Faden vor die Arbeit legen und 1 M abheben, wenden.

#hetahönsmamelucker

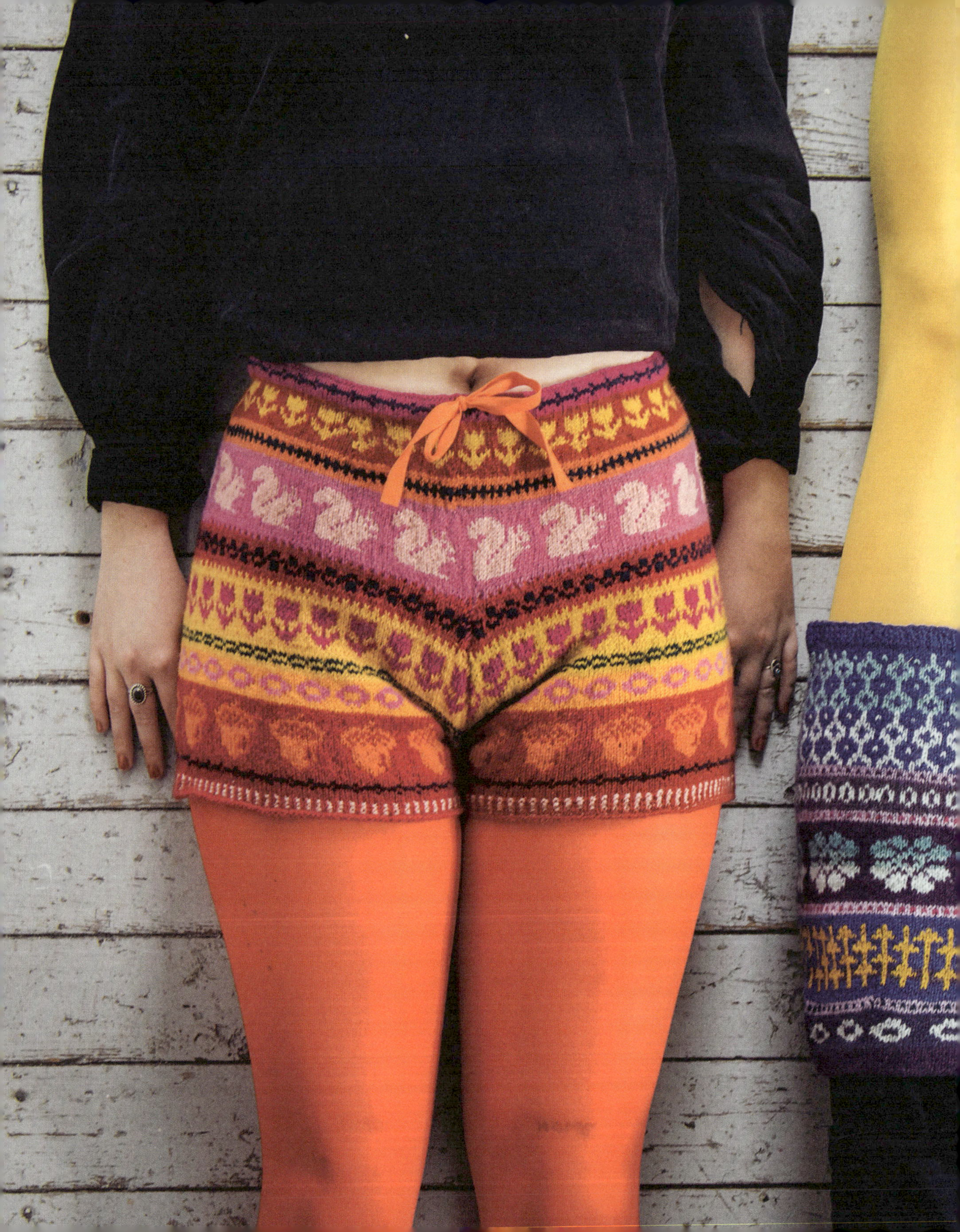

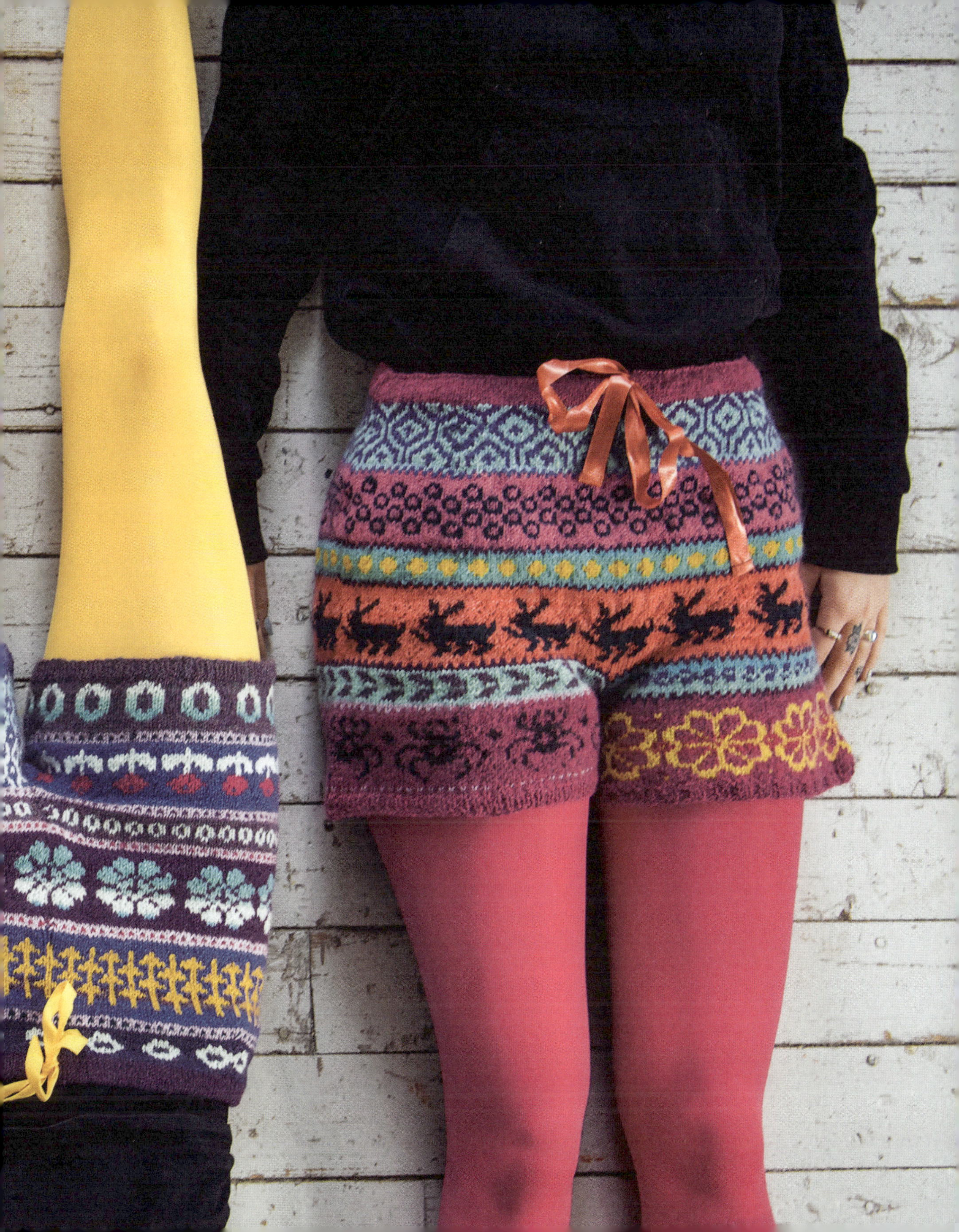

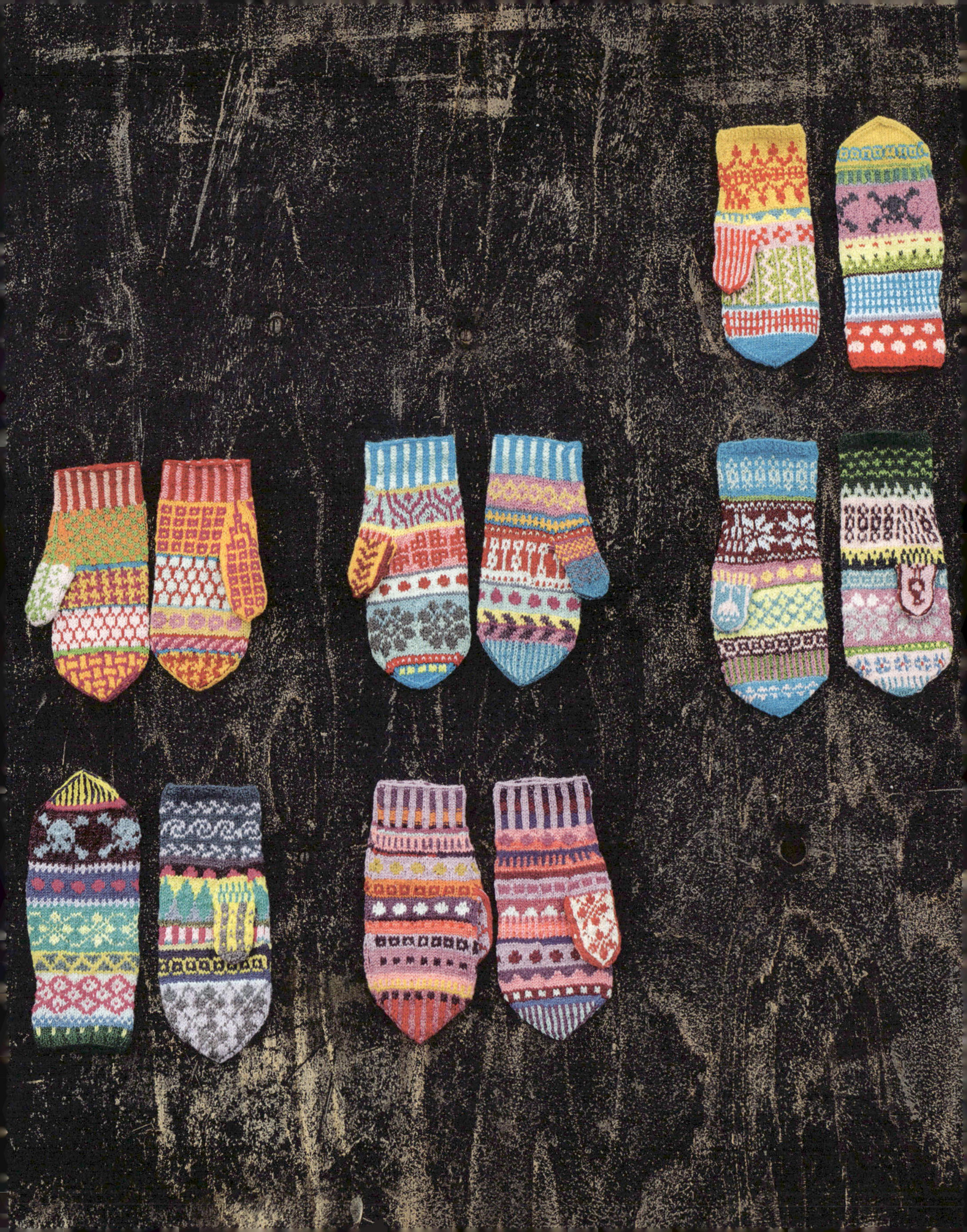

Fäustlinge mit dem kleinen Unterschied

Fäustlinge mit Daumenkeil

Fäustlinge mit Daumenkeil stricke ich vermutlich am allerliebsten! Der Daumenkeil sorgt für eine bessere Passform und außerdem für eine weitere Möglichkeit, Muster zu stricken. Besonders spannend wird es, wenn das Muster des Daumenkeils sich auf dem Daumen selbst fortsetzt. Ich habe einige Vorschläge dafür, aber zeichne du doch gerne eigene! Und denk daran, dass Handschuhe keineswegs identisch sein müssen!

Größe: Damen medium (Damen groß)
Maße: Umfang Handrücken ca. 22 (23,5) cm
Garn: (z. B. Rauma Finull) 2-fädiges Wollgarn (aus 100 % Wolle), Lauflänge 175 m/50 g, in verschiedenen Farben
Menge: insg. ca. 60 g
Nadeln: Nadelspiel, Nadelstärke 2,5 mm (3 mm), je nach Größe
Maschenprobe: 28 (26) Maschen auf 10 cm mit Nadelstärke 3 mm
Zubehör: Maschenmarkierer, Stopfnadel, Schere

❊ 56 M auf dem Nadelspiel anschlagen. Die M gleichmäßig auf den Nadeln verteilen. Für das Rippenmuster mit dem Nadelspiel *1 rechte M, 1 linke M* stricken, von *–* fortlfd wdh bis zum Ende der Rd, 3 Rdn stricken.

❊ Mit rechten M in Rdn weiterstricken. Eine Bordüre stricken, deren Musterrapport 4, 7, 8 oder 14 M hat. Für den Daumenkeil M zunehmen, wenn die Arbeit 7–8 cm misst.

RECHTER FÄUSTLING

- 2 M auf Nadel 1 stricken, einen Maschenmarkierer einhaken, die ersten 3 M des Daumenkeils stricken, einen Maschenmarkierer einhaken, die Rd zu Ende stricken. Den Daumenkeil nach eigener Vorlage stricken, alternativ siehe Seite 81 oder eigene Zeichnung. Die übrige Hand mit Bordüren oder Mustern weiterstricken.
- Ist der gesamte Daumenkeil fertig gestrickt, seine 13 M auf einem Faden stilllegen. Hinter dem Daumenkeil, im Zwickel, 11 M anschlagen. Die Anzahl der M sollte nun 64 betragen. Soll dein Muster exakt aufgehen, Bordüren wählen, deren Rapport 4, 8 oder 16 M hat. Weiterstricken, bis der Handschuh bis zur Spitze des kleinen Fingers reicht oder vom Zwickel aus ca. 10 cm misst.
- Darauf achten, dass die M gleichmäßig auf den Nadeln verteilt sind, und auf folgende Weise abnehmen:
  Auf Nadel 1 und 3: 1 rechte M stricken, 1 übz-Abn stricken, die übrigen M auf der Nadel abstricken.
  Auf Nadel 2 und 4: Stricken, bis 3 M übrig sind, 2 M zusammenstricken, 1 rechte M stricken.
- So in jeder Runde abnehmen, bis 6–8 M übrig sind. Den Faden abschneiden und durch die M zusammenziehen.
- Die M des Daumenkeils auf eine oder zwei Nadeln verteilen und 13 M im Zwickel anschlagen. Die Daumenmaschen auf zwei Nadeln verteilen und bis auf Höhe des Daumennagels stricken. Dann auf beiden Nadeln auf dieselbe Weise M abnehmen: 1 übz-Abn stricken, weiterstricken, bis 2 M übrig sind, 2 M durch die vorderen Maschenglieder zusammenstricken.
- Auf diese Weise abnehmen, bis 6 M übrig sind. Den Faden abschneiden und durch die M zusammenziehen.

LINKER FÄUSTLING

- Der zweite Fäustling wird genauso gestrickt, allerdings mit dem Daumenkeil auf der entgegengesetzten Seite: Stricken, bis 5 M übrig sind, einen Maschenmarkierer einhaken, die 3 M des Daumenkeils stricken, einen Maschenmarkierer einhaken, die letzten 2 M der Rd stricken.

ZUSAMMENNÄHEN

Alle Fäden vernähen und die Fäustlinge blocken oder vorsichtig bügeln.

#alltidolikavantar

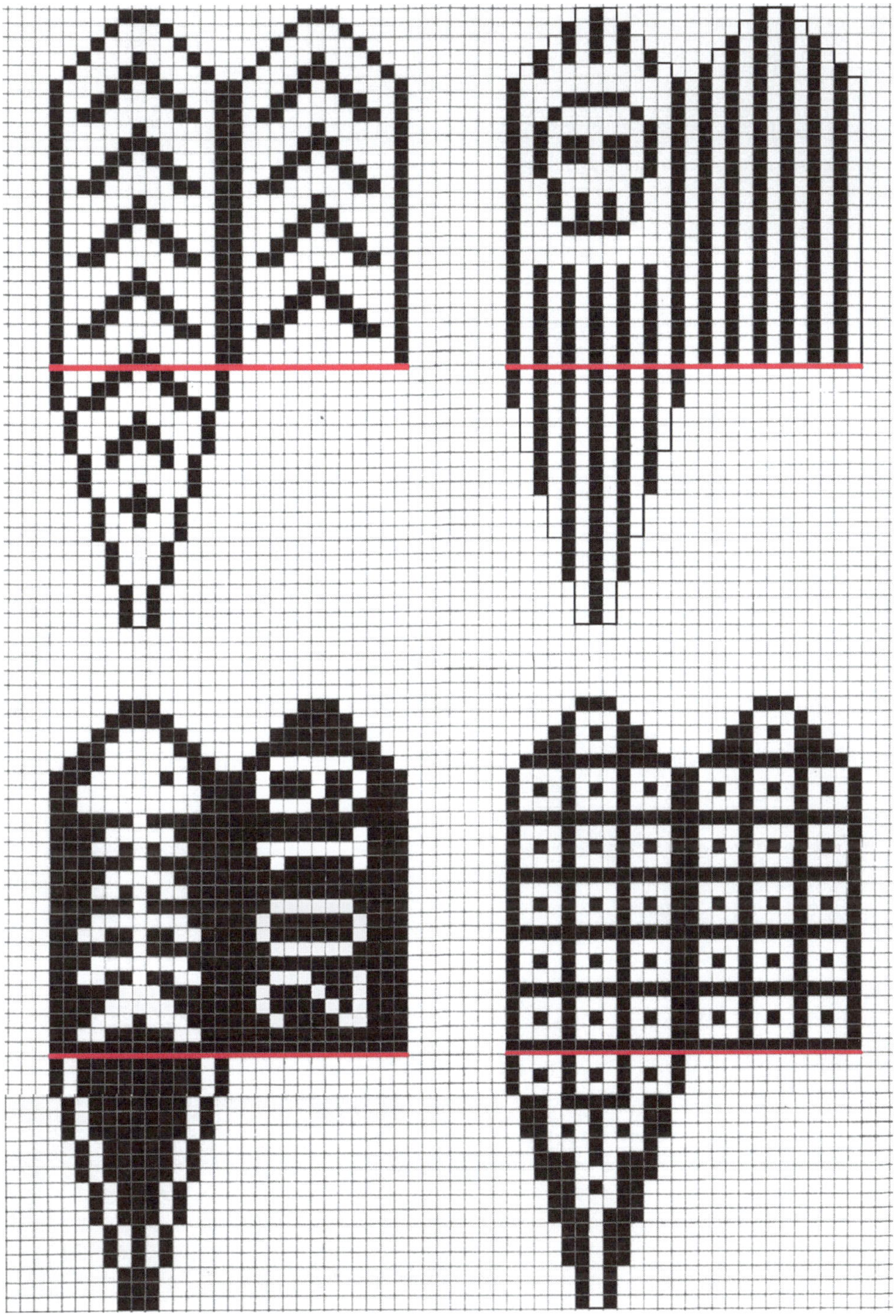

Vorlage für Daumenkeile sowie Daumen für Handschuhe.
Ein Modell wählen oder ein eigenes zeichnen. 1 Kästchen = 1 Masche.

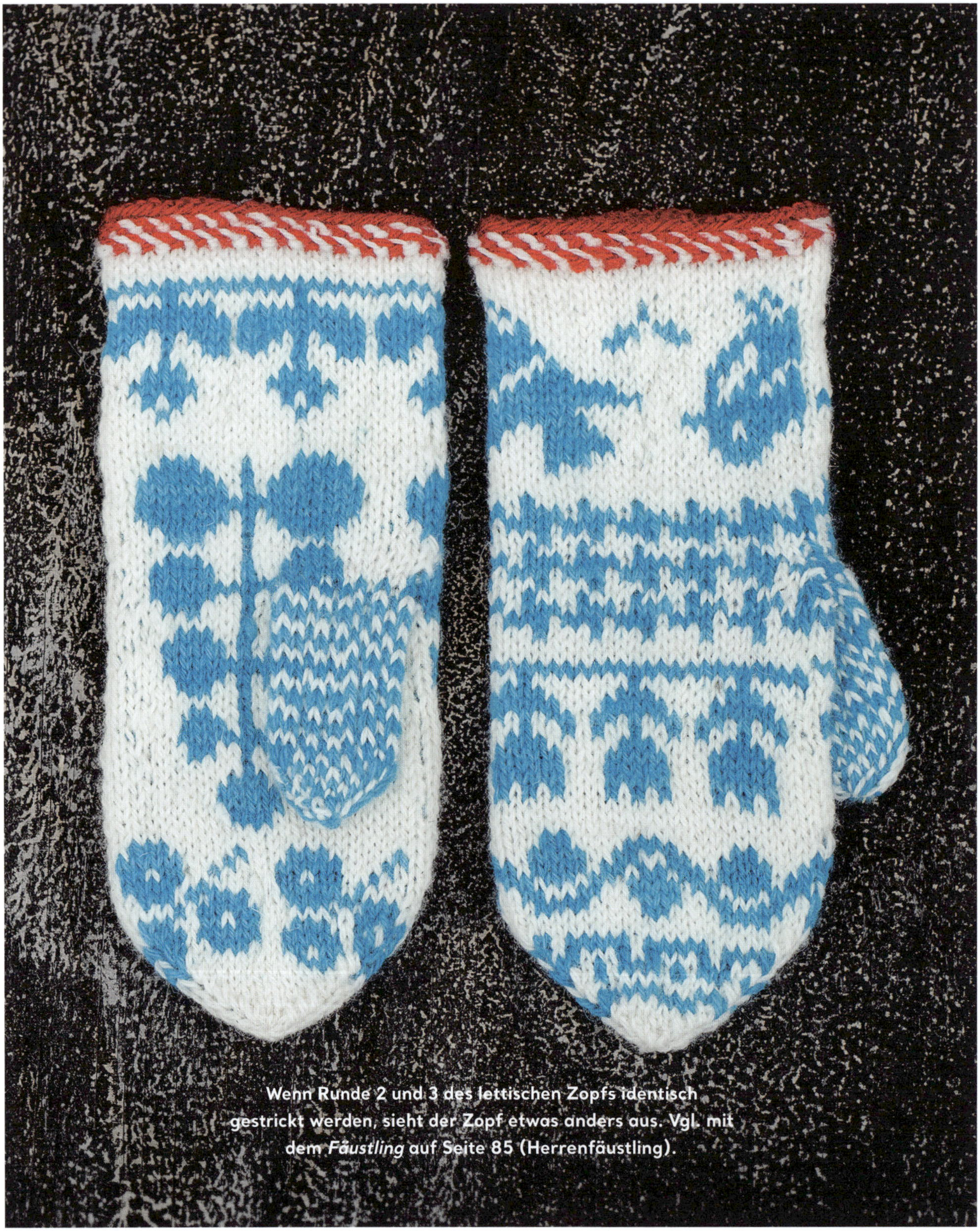

Wenn Runde 2 und 3 des lettischen Zopfs identisch gestrickt werden, sieht der Zopf etwas anders aus. Vgl. mit dem *Fäustling* auf Seite 85 (Herrenfäustling).

Ein ganz normaler Fäustling

Ein einfach zu strickender Fäustling ohne Daumenkeil

Dies ist ein ganz normaler, doch ach so praktischer Handschuh. Ich habe eine etwas gröbere Wolle gewählt, die dafür sorgt, dass der Fäustling sowohl warm hält als auch rasch gestrickt ist. Der Daumen wird auf traditionelle Weise gestrickt, indem die Maschen aus einem eingestrickten Faden aufgenommen werden.

Größe: Damen (Damen groß / Herren klein) Herren

Maße: Umfang Handrücken ca. 20 (21,5) 24 cm

Garn: (Sandnes Peer Gynt oder Ullcentrum) 3-fädiges Wollgarn (aus 100 % Wolle), Lauflänge 91 m/50 g, in verschiedenen Farben

Menge: insg. ca. 80–100 g

Nadeln: Nadelspiel 3,5 mm

Maschenprobe: 25 Maschen auf 10 cm

Zubehör: Stopfnadel, Schere

❋ 50 (56) 60 M auf dem Nadelspiel anschlagen und in Rdn stricken.

❋ Für das Rippenmuster *1 rechte M, 1 linke M* stricken, von *–* fortlfd wdh bis zum Ende der Rd, 3 Rdn stricken oder mit einem lettischen Zopf beginnen (siehe Anleitung im Kapitel »Technik«).

❋ Glatt rechts in Bordüren nach Belieben weiterstricken, bis die Arbeit ca. 10 (12) 12 cm misst. Soll das Muster exakt aufgehen, eine Bordüre mit einem Musterrapport wählen, der 5, 10, 25 (7, 14) 4, 5, 6, 10, 12, 15, 20 M hat.

RECHTER FÄUSTLING

- Die ersten 10 (12) 13 M auf der ersten Nadel mit etwas Garn in einer abweichenden Farbe stricken, hier soll dann der Daumen gestrickt werden. Die M zurück auf die linke Nadel nehmen und über dem eingestrickten Faden weiterstricken.

- Misst die Arbeit ca. 10 (11) 12 cm vom eingestrickten Faden aus oder nähert sie sich der Spitze des kleinen Fingers, wie folgt abketten:

  Auf Nadel 1 und 3: 1 rechte M stricken, 2 rechte M durch das vordere Maschenglied zusammenstricken, die übrigen M auf der Nadel abstricken.

  Auf Nadel 2 und 4: Stricken, bis 3 M übrig sind, 1 übz-Abn stricken, die letzte M rechts abstricken.
- So in jeder Rd abnehmen, bis 8 M übrig sind. Den Faden abschneiden und durch die M zusammenziehen.

DAUMEN

- Den eingestrickten Faden herausziehen und die 21 (23) 24 M auf vier Nadeln verteilen, 1–2 M aus den Spalten zwischen den oberen und den unteren M aufnehmen. In der folgenden Rd die aufgenommenen M mit den anschließenden M zusammenstricken, sodass der Daumen wieder 21 (23) 24 M hat. Weiterstricken, bis der Daumen 5 (6) 7 cm misst oder den Daumennagel erreicht hat.
- Wie folgt abketten:

  Auf Nadel 1 und 3: Die beiden ersten M durch das vordere Maschenglied zusammenstricken

  Auf Nadel 2 und 4: Stricken, bis 2 M übrig sind, 1 übz-Abn stricken.
- So in jeder Runde M abnehmen, bis 6–8 M übrig sind. Den Faden abschneiden und durch die M zusammenziehen.

LINKER FÄUSTLING

- Er wird genauso gestrickt, allerdings mit dem Daumen auf der entgegengesetzten Seite, d. h. auf die letzten 10 (12) 13 M der Rd.

ZUSAMMENNÄHEN

- Die Fäden vernähen, die Fäustlinge befeuchten und leicht spannen oder blocken.

#enheltvanligvante

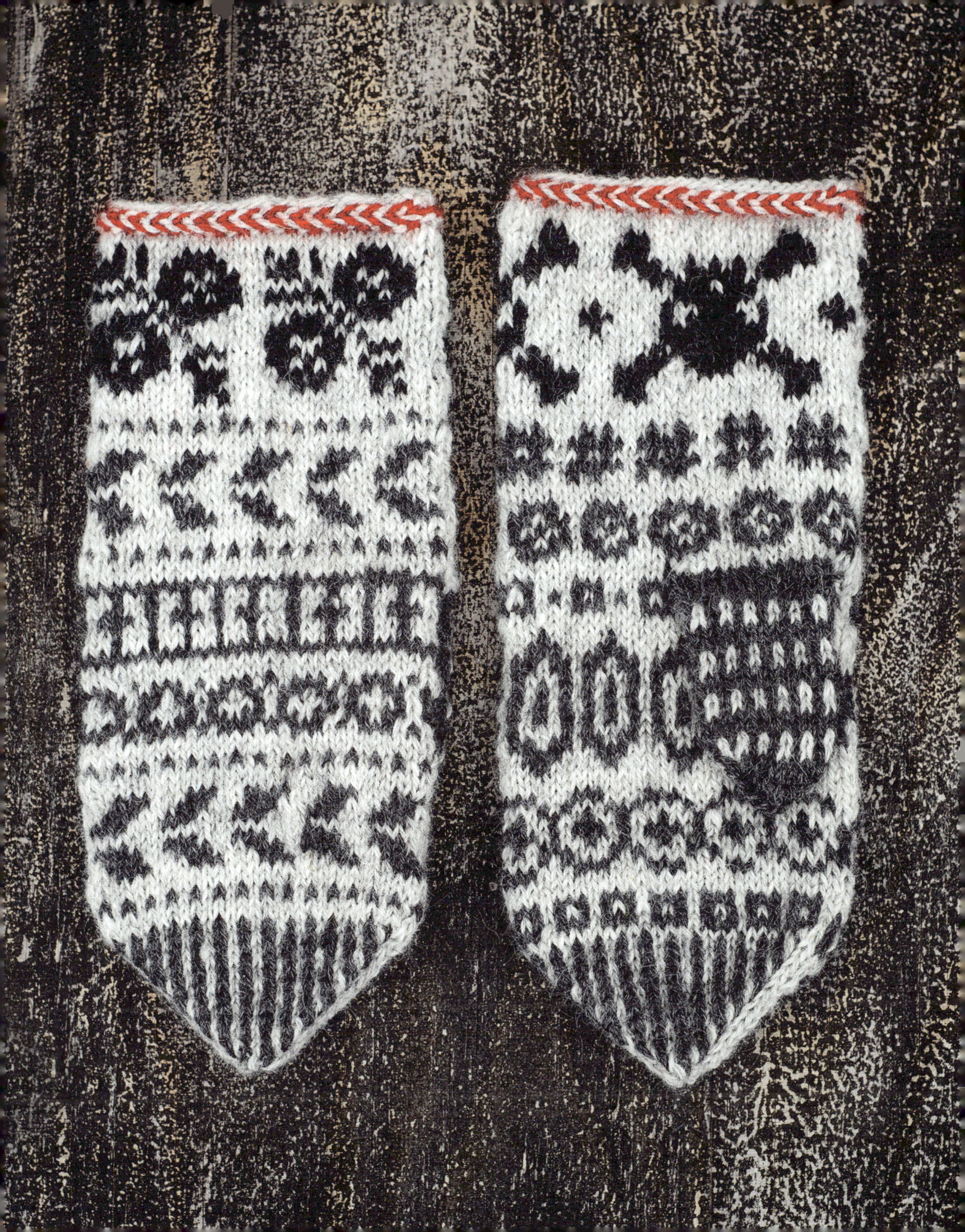

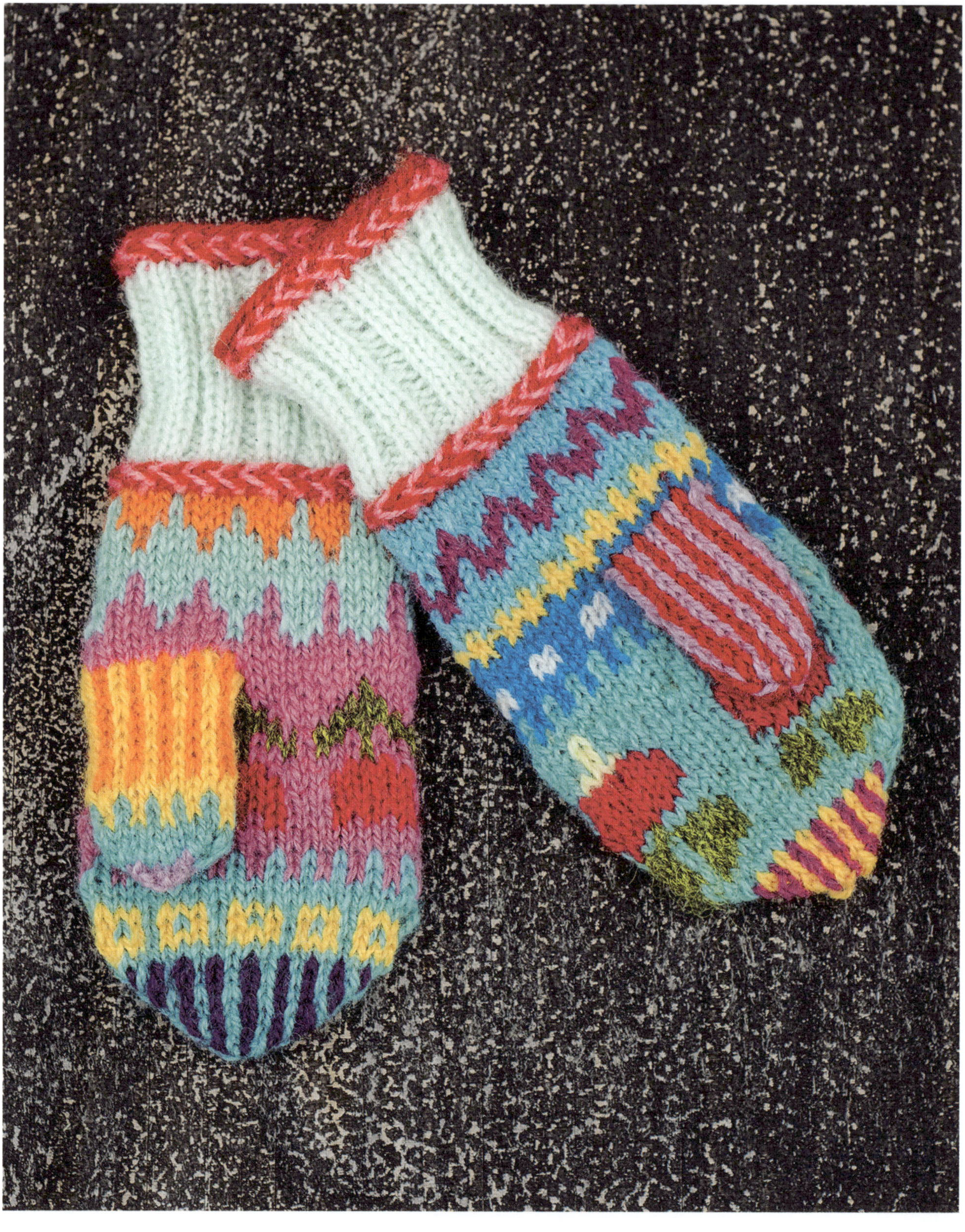

Bonbon-Fäustlinge

Kinderfäustlinge

Diese Fäustlinge sehen aus wie köstliche Bonbons, zumindest wenn du, so wie ich, deine Wolle und deine Bonbontüten bunt magst … Außerdem hast du so endlich Verwendung für die ewigen kleinen Garnreste. Die lettischen Zöpfe sind ein hübsches Detail, das außerdem hilft, das Bündchen in Form zu halten. Kinderhandschuhe werden ja oft stärker beansprucht als Erwachsenenhandschuhe und haben die Tendenz, am Handgelenk ihre Form zu verlieren. Der lettische Zopf kann weggelassen werden, wenn man ein ganz normales Bündchen bevorzugt.

Größe: 5–7 (8–10) Jahre
Garn: (Rauma Finull, Sandnes Tove) 2-fädiges Wollgarn (aus 100 % Wolle), Lauflänge ca. 160–175 m/50 g
Menge: ca. 40 (50) g
Nadeln: Nadelspiel, Nadelstärke 2,5 und 3 mm
Maschenprobe: 26 Maschen auf 10 cm mit Nadelstärke 3 mm
Zubehör: Stopfnadel, Schere

MASSE

Länge gesamter Fäustling: ca. 18 (23) cm
Länge Bündchen: ca. 6 (7) cm
Länge von Daumenzwickel bis Spitze des Fäustlings: ca. 11 (13) cm
Daumen: ca. 5 (6) cm

- ❋ 40 (48) M auf dem dünneren Nadelspiel anschlagen. Die M auf 4 Nadeln verteilen.
- ❋ Mit einem lettischen Zopf beginnen (siehe Anleitung im Kapitel »Technik«). Zu dem Garn wechseln, mit dem du das Bündchen stricken möchtest, und eine Rd rechte M stricken. Dann für das Rippenmuster *2 rechte M,

2 linke M* stricken, von *–* fortlfd wdh bis zum Ende der Rd, 5 (6) cm stricken. Einen weiteren lettischen Zopf stricken.

- Zum dickeren Nadelspiel wechseln und bis zum Loch für den Daumen Muster nach Belieben stricken, ca. 14 (16) Rdn. Soll das Muster exakt aufgehen, Musterrapporte mit 4, 5, 8, 10 (4, 6, 8, 12, 16) M wählen.
- **Daumenloch rechter Fäustling:** Die ersten 8 (10) M mit etwas Garn in einer abweichenden Farbe stricken, die M zurück auf die linke Nadel nehmen und über ihnen in Mustern weiterstricken.
- **Daumenloch linker Fäustling:** Die letzten 8 (10) M mit etwas Garn in einer abweichenden Farbe stricken, die M zurück auf die linke Nadel nehmen und über ihnen in Mustern weiterstricken.
- Stricken, bis der Fäustling ca. 7 (9) cm von der Daumenöffnung aus misst oder sich der Spitze des kleinen Fingers nähert, dann wie folgt abnehmen:

  Auf Nadel 1 und 3: 1 rechte M stricken, 2 rechte M durch das hintere Maschenglied zusammenstricken, die übrigen M auf der Nadel abstricken.

  Auf Nadel 2 und 4: Stricken, bis 3 M übrig sind, 1 übz-Abn stricken, die letzte M rechts abstricken.
- So in jeder Runde abnehmen, bis 8 M übrig sind. Den Faden abschneiden und durch die M zusammenziehen.

DAUMEN

Den eingestrickten Faden herausziehen und die M auf drei oder vier Strumpfstricknadeln verteilen, außerdem auf jeder Seite 1–2 M aus der Spalte zwischen den unteren und den oberen M aufnehmen. Muster nach Belieben stricken, bis der Daumen 5 (6) cm misst oder die Hälfte des Daumennagels erreicht hat. Maschenabnahme: 2 M rechts zusammenstricken, bis 6 M übrig sind, ca. 1,5 Rdn. Den Faden abschneiden und durch die übrigen M zusammenziehen.

ZUSAMMENNÄHEN

Die Fäden vernähen, die Fäustlinge befeuchten und leicht spannen oder blocken.

#karamellvante

Handschuhe und Kinder

Ich bin unbedingt der Meinung, dass Selbstgestricktes Alltagskleidung sein dürfen sollte – auch Kindersachen. Es ist doch schade, die selbst gestrickten Handschuhe »aufzusparen«, finde ich. Dann werden sie ja nie benutzt. Lass die Kinder mitmachen und ihre Meinung sagen, sich Farben und Muster wünschen – so werden sie einbezogen und passen hoffentlich auch ein bisschen besser auf ihre Sachen auf. Lass sie diese ruhig im Kindergarten und in der Schule tragen. Selbst gestricktes ist Liebe, und Wolle wärmt sogar, wenn sie nass ist. Meine Kinder haben tatsächlich nie selbstgestrickte Handschuhe verschlampt, während diese »Zauberhandschuhe«, wie sie in Multipacks von diversen Kaufhausketten angeboten werden, beinahe als Einmalhandschuhe zu betrachten sind. Ich glaube, es liegt zu gleichen Teilen an der hineingestrickten Fürsorge wie an der Tatsache, dass Kind, Freunde und Pädagogen die Handschuhe wiedererkennen, was dafür sorgt, dass sie immer wieder zu ihrem Besitzer zurückfinden. Möchtest du ganz sichergehen, strickst du den Namen hinein oder befestigst ein Namensschildchen daran.

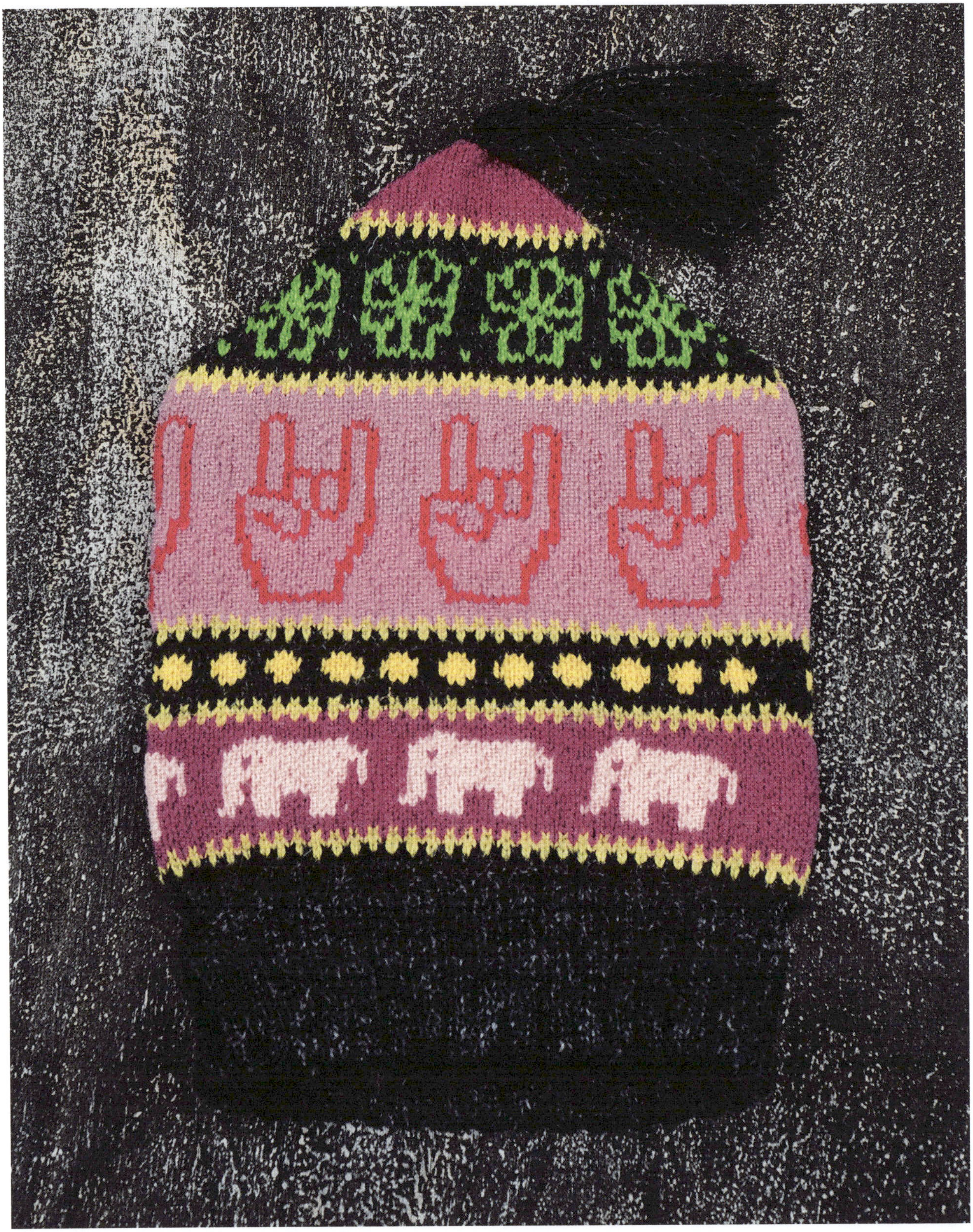

Spitzenmütze

Zipfelmütze mit Quaste

Eine klassische Zipfelmütze mit leicht altmodischem Touch. Das doppelt gestrickte Bündchen macht sie an den Ohren besonders warm. Wenn du dich beim Stricken an die angegebenen Maße hältst, hängt die Mütze hinten leicht herunter. Stricke sie einfach etwas kürzer, wenn du das nicht möchtest.

VIER GRÖSSEN

mittelgroße Kinder (ca. 5–8 Jahre): Umfang ca. 41 cm, Höhe ca. 17 cm, vom zur Hälfte eingeklappten Bündchen bis zum Zipfel gemessen

große Kinder (ca. 8–12 Jahre)/kleine Erwachsene): Umfang ca. 44 cm, Höhe ca. 19 cm, vom zur Hälfte eingeklappten Bündchen bis zum Zipfel gemessen

mittelgroße Erwachsene: Umfang ca. 50 cm, Höhe ca. 23 cm, vom zur Hälfte eingeklappten Bündchen bis zum Zipfel gemessen

große Erwachsene: Umfang ca. 53 cm, Höhe ca. 24 cm, vom zur Hälfte eingeklappten Bündchen bis zum Zipfel gemessen

Garn: (Rauma Finull) 2-fädiges Wollgarn (aus 100 % Wolle), Lauflänge ca. 175 m/50 g, in verschiedenen Farben

Menge: für die zwei kleineren Größen ca. 100 g, für die zwei größeren Größen ca. 150

Nadeln: Rundstricknadel (40 cm lang) oder Nadelspiel, abhängig von der Größe jeweils Nadelstärke 2,5 mm oder 3 mm

Maschenprobe: 28 Maschen auf 10 cm mit Nadelstärke 2,5 mm; 26 Maschen auf 10 cm mit Nadelstärke 3 mm

Zubehör: Maschenmarkierer, Stopfnadel, Schere

❋ 112 (112) 140 (140) M auf der Rundstricknadel, Nadelstärke 2,5 (3) 2,5 (3) mm anschlagen und für das Rippenmuster *1 rechte M, 1 linke M* stricken, von *–* fortlfd wdh bis zum Ende der Rd, 14 cm stricken.

❋ In Mustern oder Bordüren nach Belieben glatt rechts weiterstricken. Soll das Muster exakt aufgehen, einen

Musterrapport mit 4, 7, 8, 14, 16 (4, 7, 8, 14, 16) 5, 7, 10, 14, 20 (5, 7, 10, 14, 20) M wählen.

❋ Weiterstricken, bis die ganze Arbeit ca. 24 (26) 30 (31) cm inkl. Bündchen misst. Einen Maschenmarkierer auf jeder Seite einhaken und wie folgt abnehmen:
Auf Nadel 1 und 3: 1 rechte M stricken, 2 rechte M durch das vordere Maschenglied zusammenstricken.
Auf Nadel 2 und 4: Stricken, bis 3 M übrig sind, 1 übz-Abn stricken, 1 rechte M stricken.

❋ So in jeder Rd abnehmen. Zum Nadelspiel wechseln, sollte sich die Rundstricknadel zu lang anfühlen.

❋ Sind 8 M übrig, den Faden abschneiden und durch die M zusammenziehen.

ZUSAMMENNÄHEN

Alle Fäden vernähen.

Eine einfache Quaste machen: Garn einige Mal um die Handfläche wickeln, am oberen Ende verknoten und unten aufschneiden. Zurechtzupfen und gut annähen.

Die Mütze befeuchten und leicht spannen oder blocken.

ALTERNATIVE

Die Mütze mit einem 3 cm hohen kraus rechts gestrickten Rand stricken. Diesen vorzugsweise mit einer Rundstricknadel in Hin- und Rückreihen stricken, ehe die Mütze mit dem Nadelspiel weitergestrickt wird.

#toppenluva

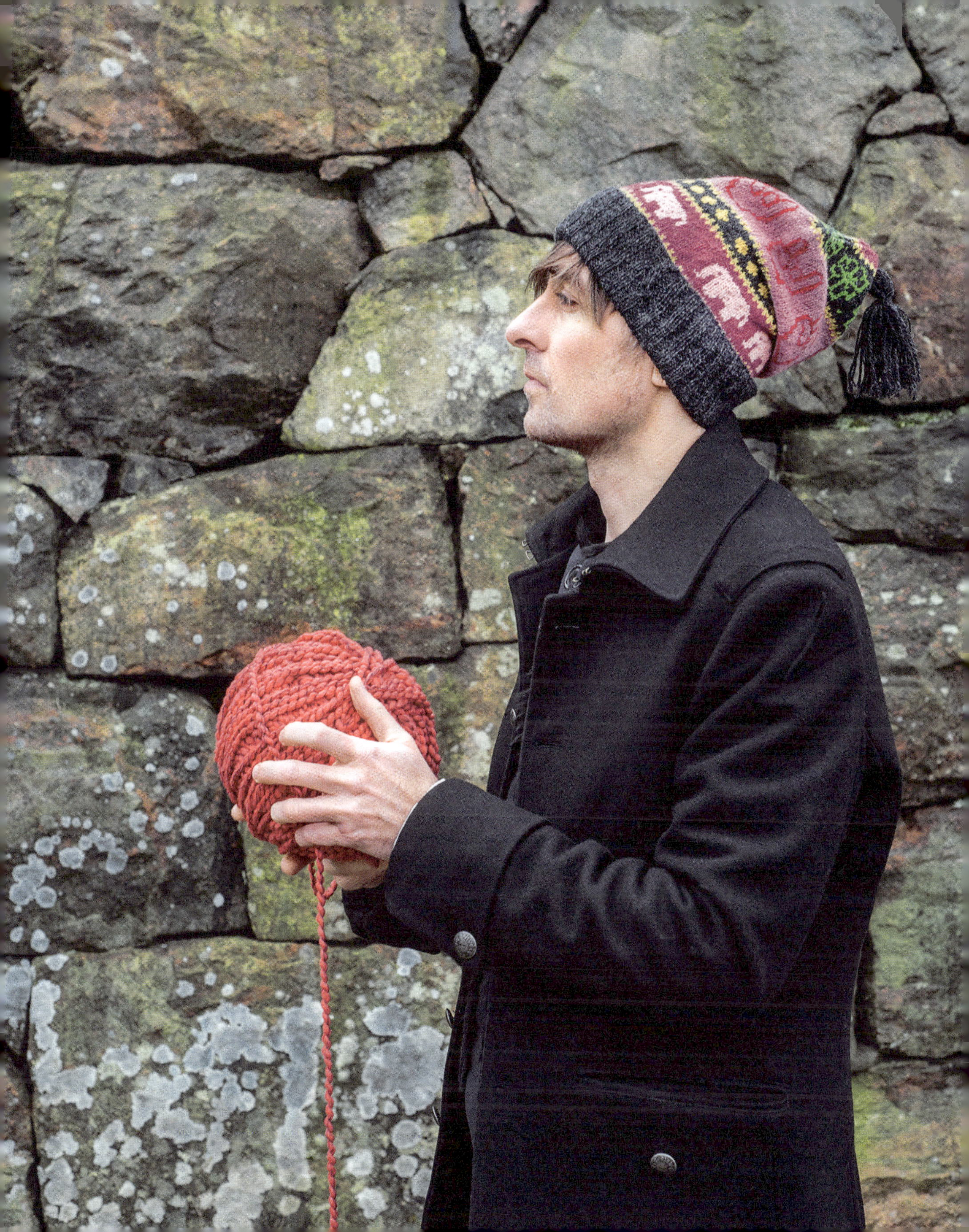

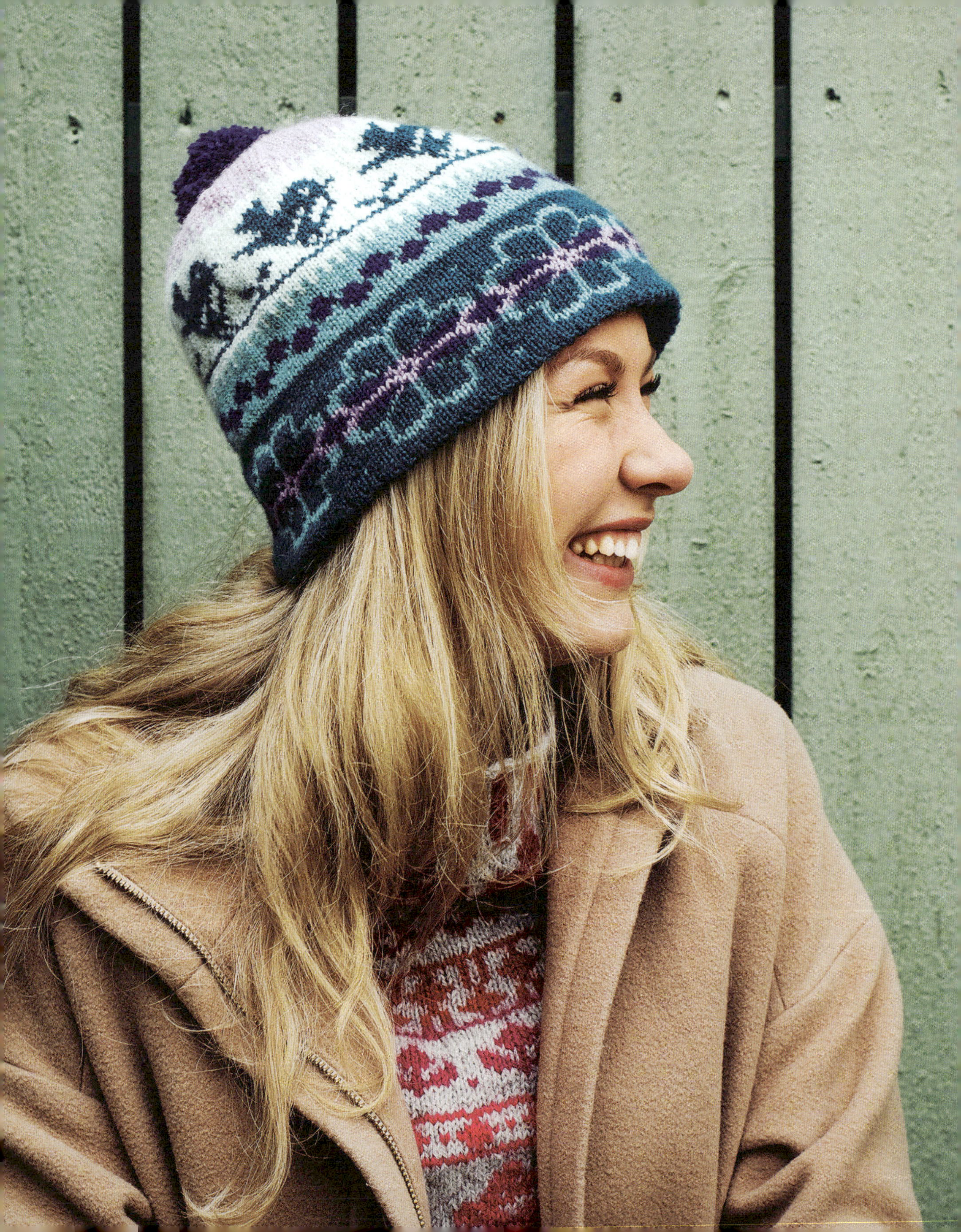

Gezierte Mütze

Eine Mütze mit dekorativem Zierrand

Diese Mütze hat einen Rand, der nach innen gefaltet wird, was die Mütze an den Ohren wärmer macht. Bei Mützen sind Größe und Passform wichtig, nimm es also genau mit der Fadenspannung und verwende die Nadelstärke, die zu deiner Fadenspannung passt.

DREI GRÖSSEN

4–6 Jahre: Umfang ca. 48 cm
8–10 Jahre: Umfang ca. 52 cm
Erwachsene: Umfang ca. 56 cm

Garn: (Rauma Finull) 2-fädiges Wollgarn (aus 100 % Wolle), Lauflänge ca. 175 m/50 g
Menge: ca. 100 g
Nadeln: Rundstricknadel (40 cm lang) oder Nadelspiel, jeweils Nadelstärke 3 mm
Maschenprobe: 26 Maschen auf 10 cm
Zubehör: Stopfnadel, Schere

- ❈ 120 (132) 144 M anschlagen und für das Rippenmuster *2 rechte M, 2 linke M* stricken, von *–* fortlfd wdh bis zum Ende der Rd, 4 Rdn stricken.
- ❈ Mit einer Farbe ca. 6 cm glatt rechts weiterstricken.
- ❈ Dann für eine Bruchkante *2 M rechts zusammenstricken, 1 Umschlag* stricken, von *–* fortlfd wdh bis zum Ende der Rd.
- ❈ Ehe Bordüren oder Muster gestrickt werden, 2–3 Rdn in einer Farbe stricken. Soll das Muster exakt aufgehen, einen Musterrapport mit 4, 5, 6, 8, 10, 12, 15, 20 (4, 6, 12, 22) 4, 6, 8, 9, 12, 16, 18 M wählen.
- ❈ Nach Belieben zwischen den Bordüren für etwas Struktur eine Rd links stricken oder eine Rd mit Noppen stricken. Anleitung siehe Kapitel »Technik«. Bild der *Gezierten Mütze* mit Noppen siehe Seite 8.
- ❈ Weiterstricken, bis die Mütze ca. 16 (18) 20 cm von der Bruchkante aus misst. Dann wie folgt abnehmen (zum Nadelspiel wechseln, sollte sich die Rundstricknadel zu lang anfühlen):
- ❈ *10 M rechts, 2 M rechts zusammenstricken*, von *–* fortlfd wdh bis zum Ende der Rd. Eine Rd ohne Maschenabnahme stricken.
- ❈ *9 M rechts, 2 M rechts zusammenstricken*, von *–* fortlfd wdh bis zum Ende der Rd. Eine Rd ohne Maschenabnahme stricken.

- *8 M rechts, 2 M rechts zusammenstricken*, von *–* fortlfd wdh bis zum Ende der Rd. Eine Rd ohne Maschenabnahme stricken.
- *7 M rechts, 2 M rechts zusammenstricken*, von *–* fortlfd wdh bis zum Ende der Rd. Eine Rd ohne Maschenabnahme stricken.
- *6 M rechts, 2 M rechts zusammenstricken*, von *–* fortlfd wdh bis zum Ende der Rd. Eine Rd ohne Maschenabnahme stricken.
- *5 M rechts, 2 M rechts zusammenstricken*, von *–* fortlfd wdh bis zum Ende der Rd. Eine Rd ohne Maschenabnahme stricken.
- *4 M rechts, 2 M rechts zusammenstricken*, von *–* fortlfd wdh bis zum Ende der Rd. Eine Rd ohne Maschenabnahme stricken.
- *3 M rechts, 2 M rechts zusammenstricken*, von *–* fortlfd wdh bis zum Ende der Rd. Eine Rd ohne Maschenabnahme stricken.
- *2 M rechts, 2 M rechts zusammenstricken*, von *–* fortlfd wdh bis zum Ende der Rd. Eine Rd ohne Maschenabnahme stricken.
- *1 M rechts, 2 M rechts zusammenstricken*, von *–* fortlfd wdh bis zum Ende der Rd. Eine Rd ohne Maschenabnahme stricken.
- Von hier aus *2 M rechts zusammenstricken*, von *–* fortlfd wdh, bis ca. 8 M übrig sind.
- Den Faden abschneiden und durch die übrigen M zusammenziehen.

ZUSAMMENNÄHEN

Alle Fäden vernähen.

Den Rand nach innen umklappen, sodass die Bruchkante einen Zierrand bildet. Den eingeklappten Rand auf der Innenseite festnähen.

Nach Belieben einen lustigen Bommel machen und oben auf der Mütze befestigen. Die meisten von uns haben vermutlich im Kindergarten oder im Handarbeitsunterricht Bommel aus Wolle gemacht, deshalb gehe ich nicht näher darauf ein. Hast du vergessen, wie es geht, bitte ein Kind in deiner Umgebung, es dir zu zeigen!

Die Mütze befeuchten und leicht spannen oder blocken. Trocknen lassen.

#uddamossa

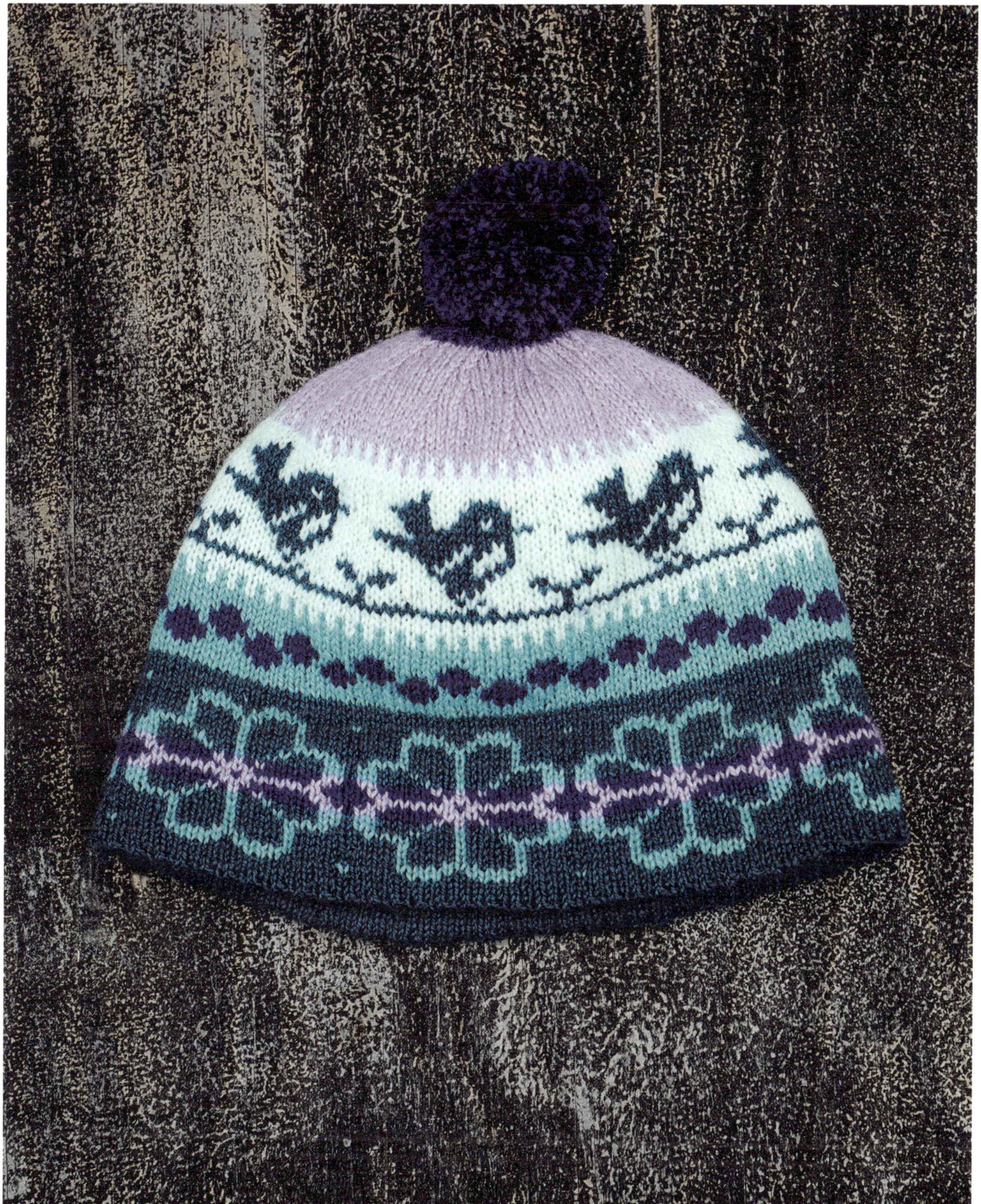

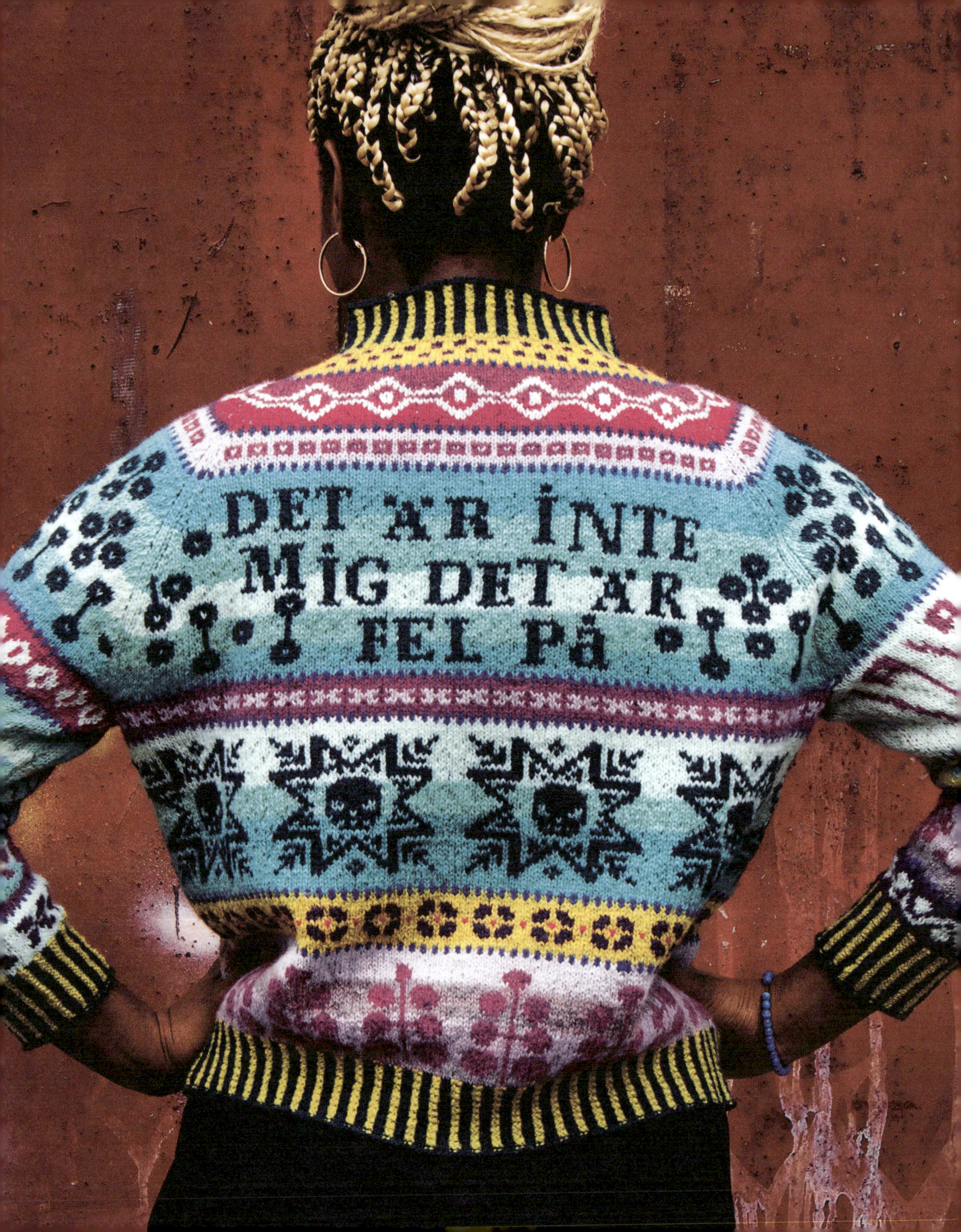
DET ÄR INTE
MIG DET ÄR
FEL På

Wenn es nicht so wird wie gedacht

Zurückstricken – ein Missverständnis, das ich gerne teile

Meine Tagesmutter Eivor hat mir beigebracht zu stricken, als ich wohl etwa sieben Jahre alt war. Sie zeigte mir, wie ich rechte Maschen stricken sollte, und ging dann ihrer Wege, um Kartoffeln zu schälen oder so etwas. Ich kämpfte mich bis zum Ende der Reihe durch und erhielt vermutlich eine Anweisung à la »wenden und zurückstricken«, sodass ich, immer noch mit der Vorderseite mir zugewandt, ganz einfach rechte Maschen zurückstrickte. Und so habe ich weitergestrickt. Erst als mich vor ein paar Jahren jemand fragte: »Wie strickst du denn eigentlich?«, fiel bei mir der Groschen: Stimmt ja, alle anderen wenden ihre Strickarbeit, wenn sie stricken … Erst da wurde mir klar, warum es mir noch nie gelungen war, einer Strickanleitung zu folgen.

Es hat aber seine Vorteile, Fehler zu machen. Ich muss nie linke Reihen stricken, ich sehe beim Stricken immer die Vorderseite, und außerdem kann ich Muster in Hin- und Rückreihen stricken und musste daher noch nie eine Strickjacke steeken. Ich sollte vielleicht hinzufügen, dass ich sowohl den Handarbeitsunterricht in der Schule als auch ein Magisterexamen in Textilkunst an der Hochschule für Kunst und Design in Göteborg erfolgreich hinter mich gebracht habe, ohne dass mir selbst oder jemand anderem meine Fehlinterpretation aufgefallen wäre.

In meinen Kursen zeige ich meist, wie ich stricke, und die meisten haben den Dreh recht schnell raus, auch wenn es sich ungewohnt anfühlt. Solltest du auch Lust haben, dich einmal am »Zurückstricken« zu versuchen, ist der *Chickenwrap* auf Seite 61 ein geeignetes Einsteigerprojekt, bei dem du einfarbige mit glatt rechts gestrickten Reihen oder kraus rechts gestrickte mit gemusterten Partien kombinieren kannst.

Fehlersuche – auftrennen oder nicht auftrennen?

Noch mal von vorn oder etwas ganz anderes machen? Manchmal wird es ja nicht so wie gedacht. Das gilt für die meisten Dinge im Leben. Was aber das Stricken betrifft, musst du nicht panisch werden. Sogar scheinbar hoffnungslose Fälle lassen sich meist mit Flexibilität, etwas Geduld und Fantasie lösen. Sollte nun also deine Strickarbeit plötzlich eigenartig aussehen, widme dich zunächst einer raschen Fehleranalyse. Hand aufs Herz, hast du die Fadenspannung überprüft? Es passiert ja so schnell, dass man im Eifer des Gefechts die Maschenprobe vernachlässigt. Wir alle machen Fehler, aber es ist doch schön, nicht mehrmals dieselben Fehler machen zu müssen. Finde also heraus, was schiefgegangen ist.

Beim Stricken gibt es nur zwei Alternativen. Entweder du trennst auf. Mach es in dem Fall sofort, stricke nicht weiter. Oder du nimmst den Fehler hin und löst das Problem auf kreative Weise. Dein Strickprojekt hat dann einfach nur einen kleinen Umweg gemacht.

Fehler und Lösungen

- DEIN PULLOVER WIRD ZU ENG: Versuche zunächst, den Pullover besonders stark zu blocken (aufzuspannen). Reicht das nicht aus, kannst du ihn in der Mitte aufschneiden. (Nähe zuerst Zickzackstiche links und rechts der Mittelmasche, genau so, wie wenn du steekst). Nimm dann Maschen für Blenden auf oder nähe einen Reißverschluss ein. So erhältst du ein paar zusätzliche Zentimeter, und außerdem kann eine Strickjacke ja offen oder zur Hälfte offen getragen werden.
- ES SIND VERSEHENTLICH ZWEI LINKE HANDSCHUHE GEWORDEN: Stricke zwei rechte Handschuhe! Simsalabim, schon hast du ein Weihnachtsgeschenk fertig.
- DIE BLENDEN WERDEN UNTERSCHIEDLICH LANG: Nähe so unerhört viele Knöpfe an, dass du gezwungen bist, falsch zu knöpfen.
- DU HAST EINEN FEHLER IM MUSTERRAPPORT GEMACHT: Ist es gerade erst passiert, kannst du auftrennen, pfeife andernfalls drauf, vermutlich wird man es am fertigen Kleidungsstück gar nicht so sehr sehen. Hast du das Gefühl, dass die Sache dich nicht loslässt, sondern dich immer stören wird (wenngleich du trotzdem nicht auftrennen möchtest), kannst du ja das Muster völlig aus dem Ruder laufen lassen. Ich weiß, dass das etwas verrückt klingt, aber probiere es aus, es macht irre viel Spaß. Lass das Muster verschwimmen und seinen eigenen Weg gehen. Das Resultat wird ganz einzigartig sein. Alternativ kannst du etwas über den Fehler sticken oder eine Tasche aufnähen.
- DIE FARBEN FLIESSEN ZUSAMMEN: Vermutlich ist der Kontrast zwischen den Farben nicht groß genug. Verstärke das Muster im Nachhinein mit aufgestickten Konturen.

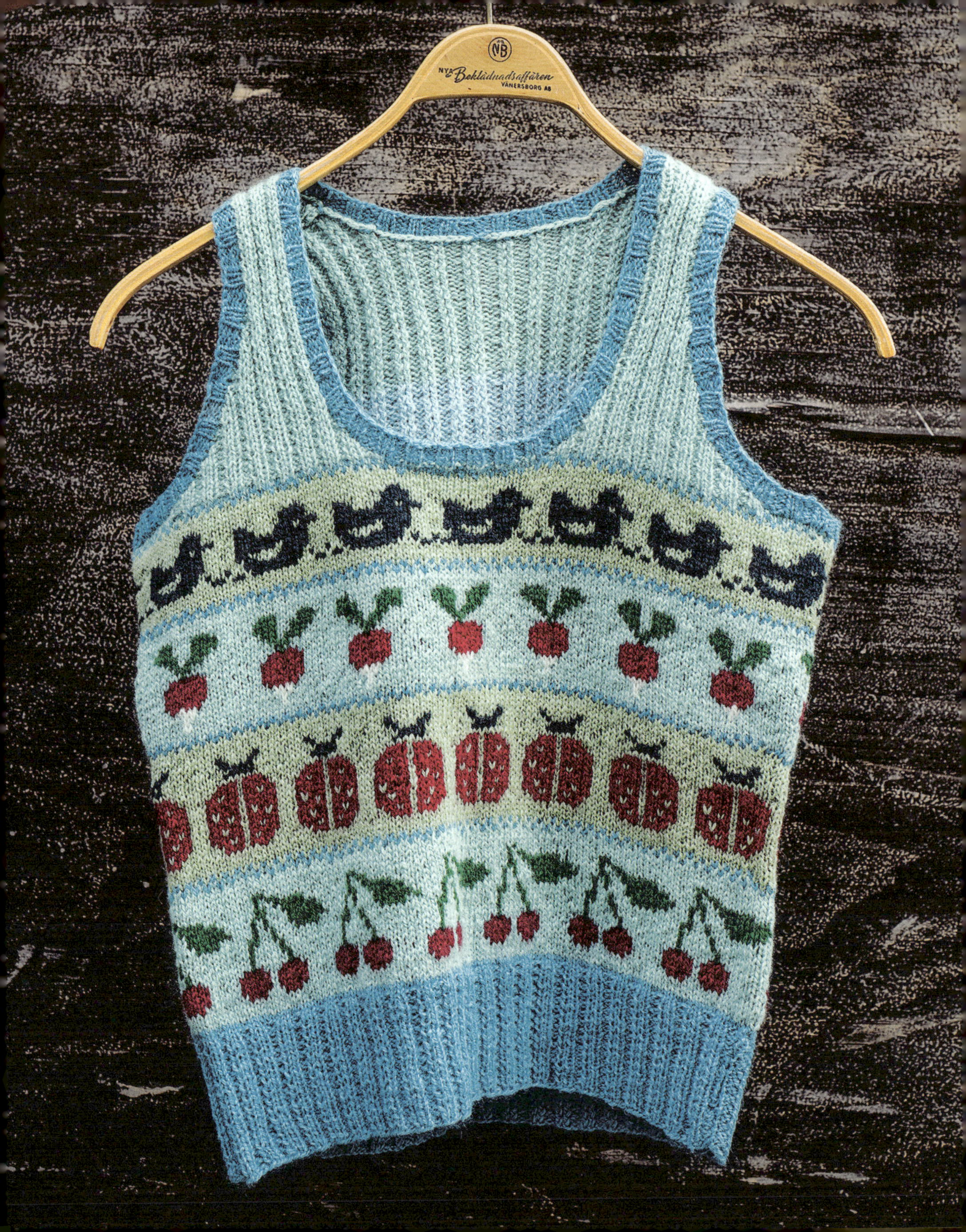
NB
NYA Beklädnadsaffären
VÄNERSBORG AB

Muster-bibliothek

Die Muster in der Musterbibliothek bestehen aus Bordüren und rapportierten Jacquardmustern. Ich habe sie danach sortiert, wie viele Maschen die Rapporte in der Breite haben. Ein Rapport ist der kleinste Bestandteil eines Musters, eine Anzahl von Kästchen, Pixeln oder Maschen, die wieder und wieder wiederholt werden und so ein Muster bilden. Eine Bordüre wird nur seitwärts wiederholt, während ein rapportiertes Muster sowohl seitwärts als auch in die Höhe wiederholt wird. Ein Kästchen entspricht einer Masche.

In manchen Anleitungen – bei denen, die Größenangaben enthalten – habe ich notiert, welche Bordüren zu welcher Maschenanzahl passen. Aber in den Anleitungen, die nach persönlichen Maßen gestrickt werden, musst du selbst zählen oder es eben darauf ankommen lassen. Manchmal, recht häufig sogar, ist es ja gerade das Unvorhergesehene, das am Ende den besonderen Clou ausmacht.

Als ich die Muster gesammelt habe, habe ich versucht, sowohl Traditionelles als auch Unerwartetes mitaufzunehmen, verlässliche Klassiker und neue Ideen also.

Alle Muster lassen sich mit jeweils nur zwei Farben stricken, nach oben sind der Anzahl der Farben, die du insgesamt verwenden möchtest, allerdings keine Grenzen gesetzt!

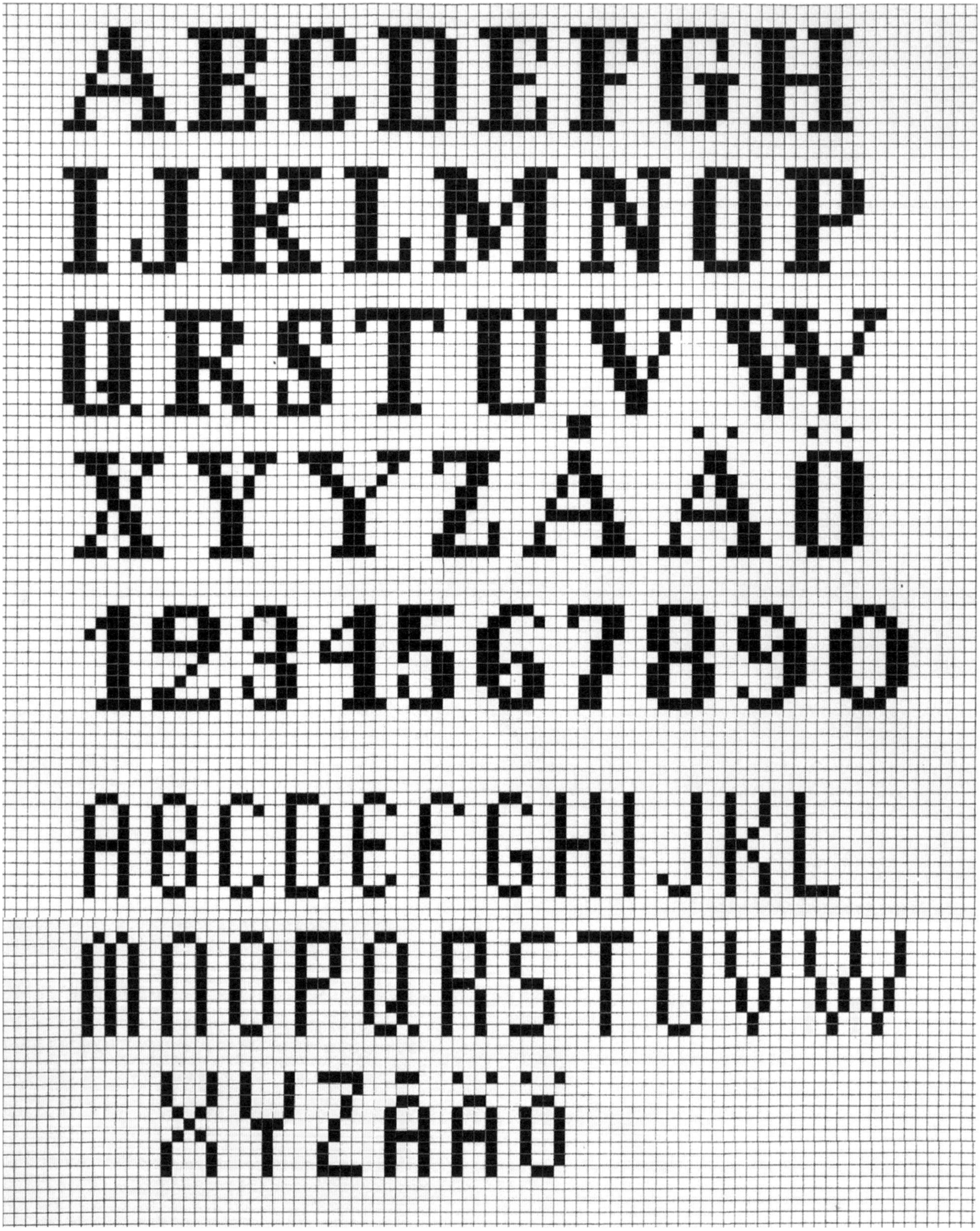
ABCDEFGH
IJKLMNOP
QRSTUVW
XYYZÅÄÖ
1234567890
ABCDEFGHIJKL
MNOPQRSTUVW
XYZÅÄÖ

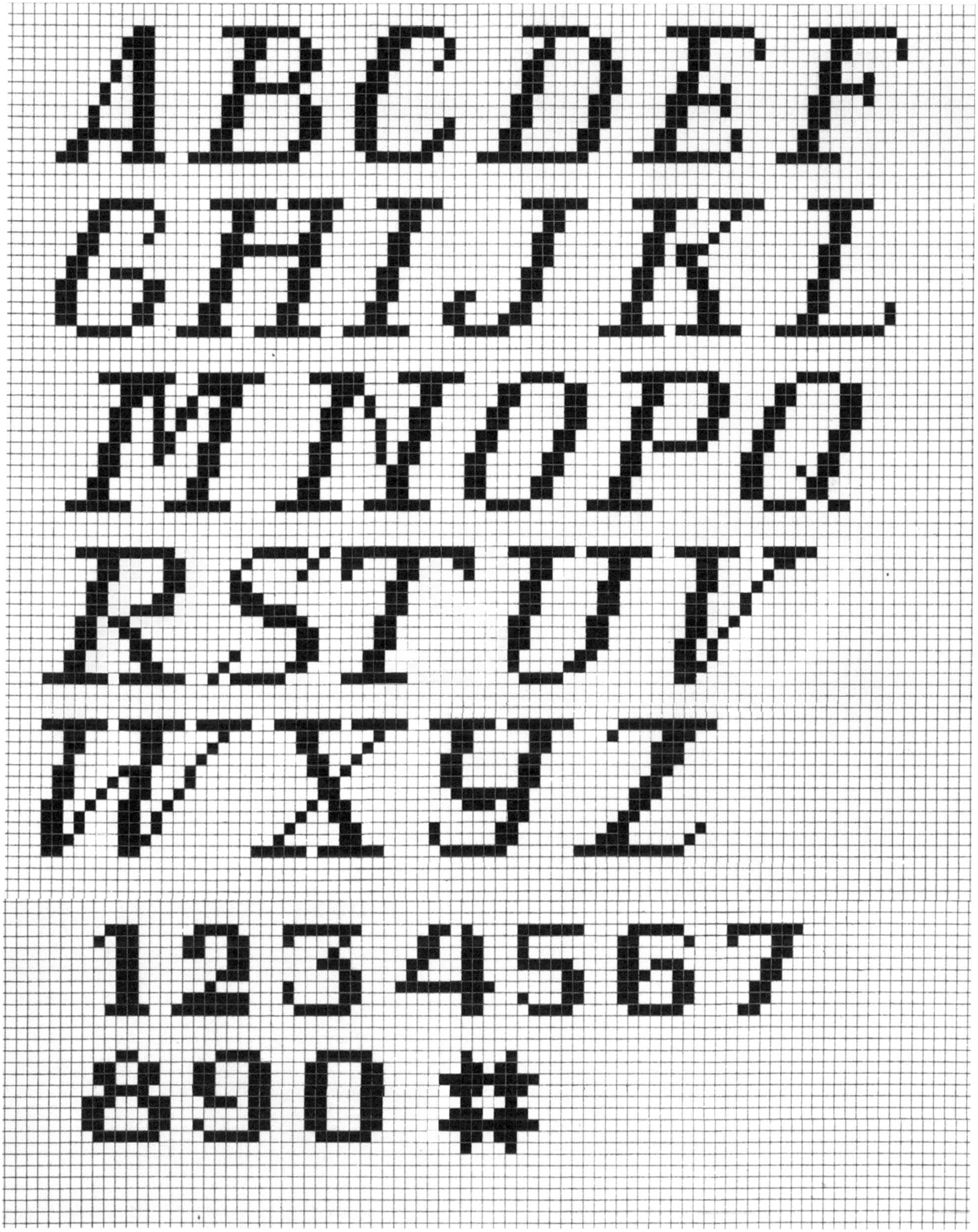
ABCDEF
GHIJKL
MNOPQ
RSTUV
WXYZ
1234567
890

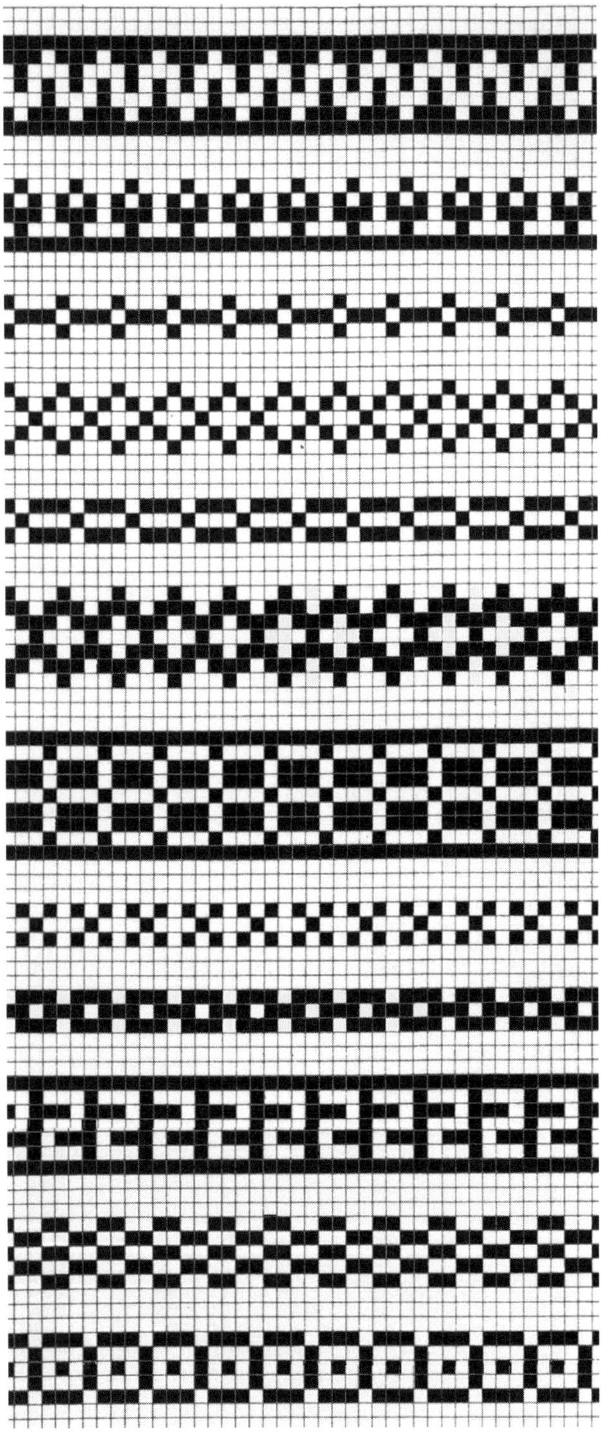

4 MASCHEN/KÄSTCHEN

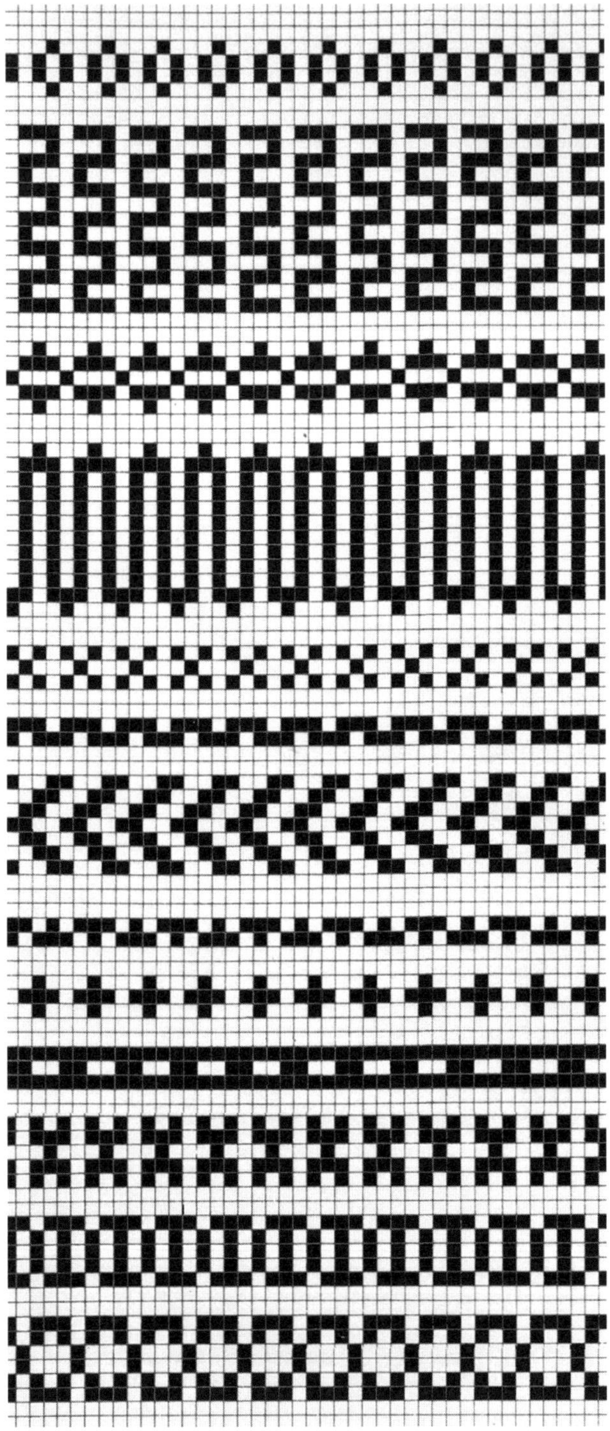

4 MASCHEN/KÄSTCHEN

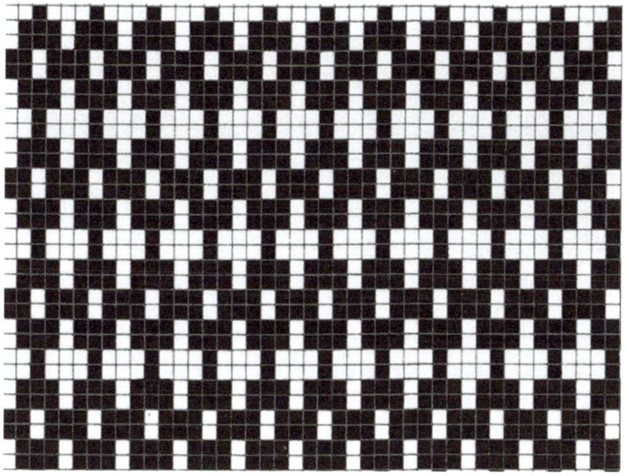

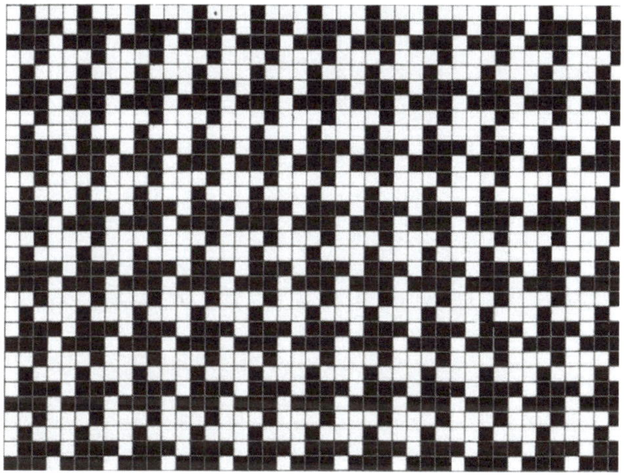

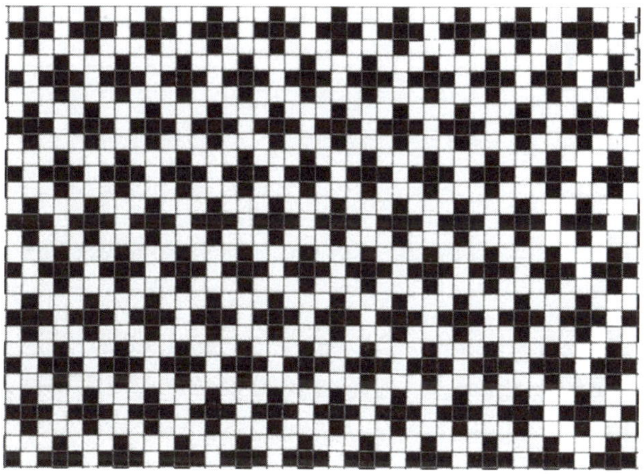

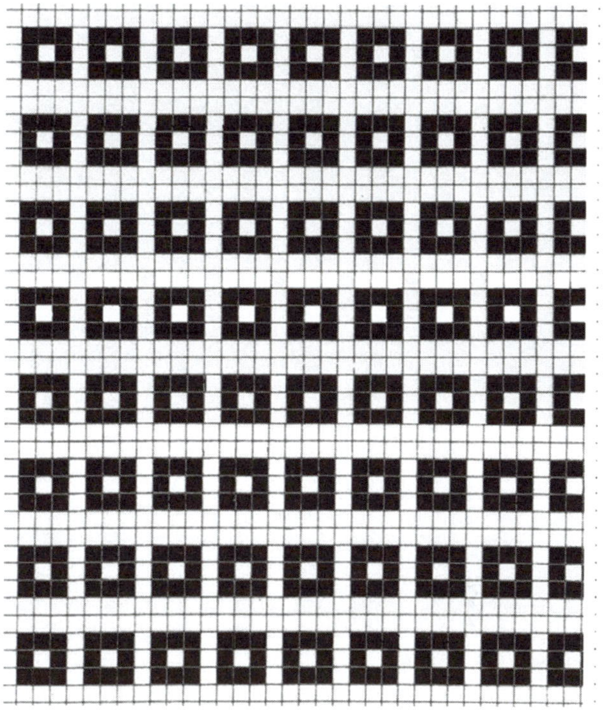

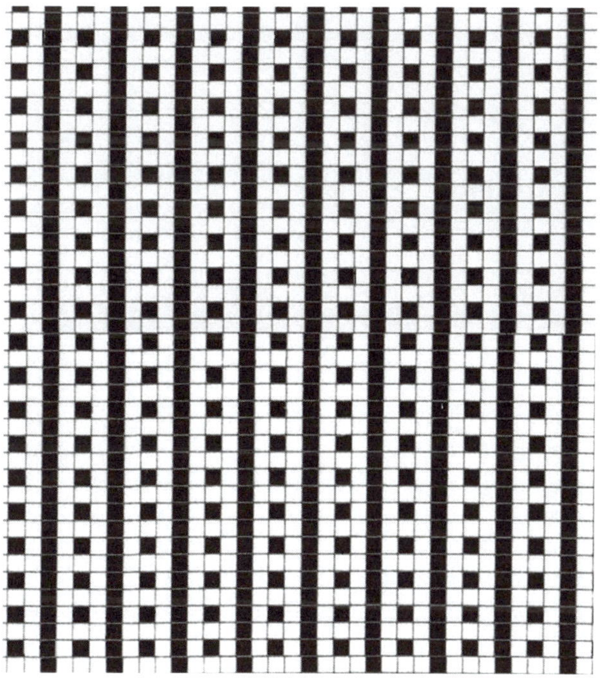

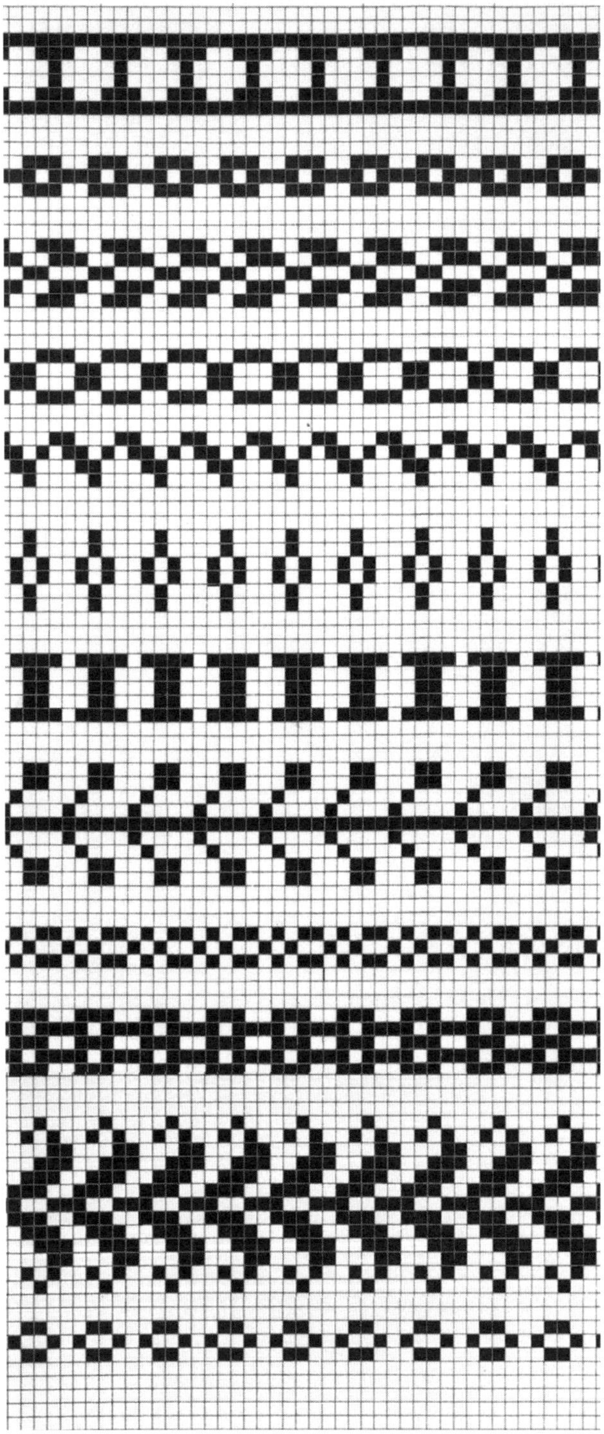

5 MASCHEN/KÄSTCHEN

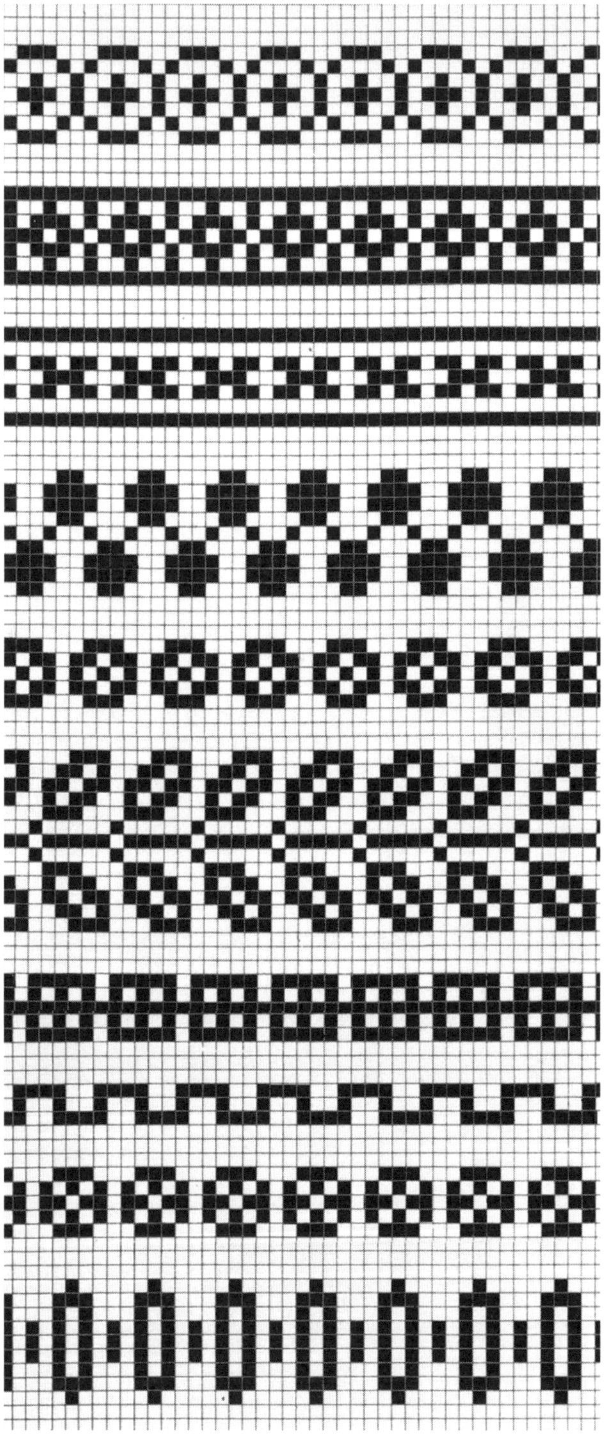

6 MASCHEN/KÄSTCHEN

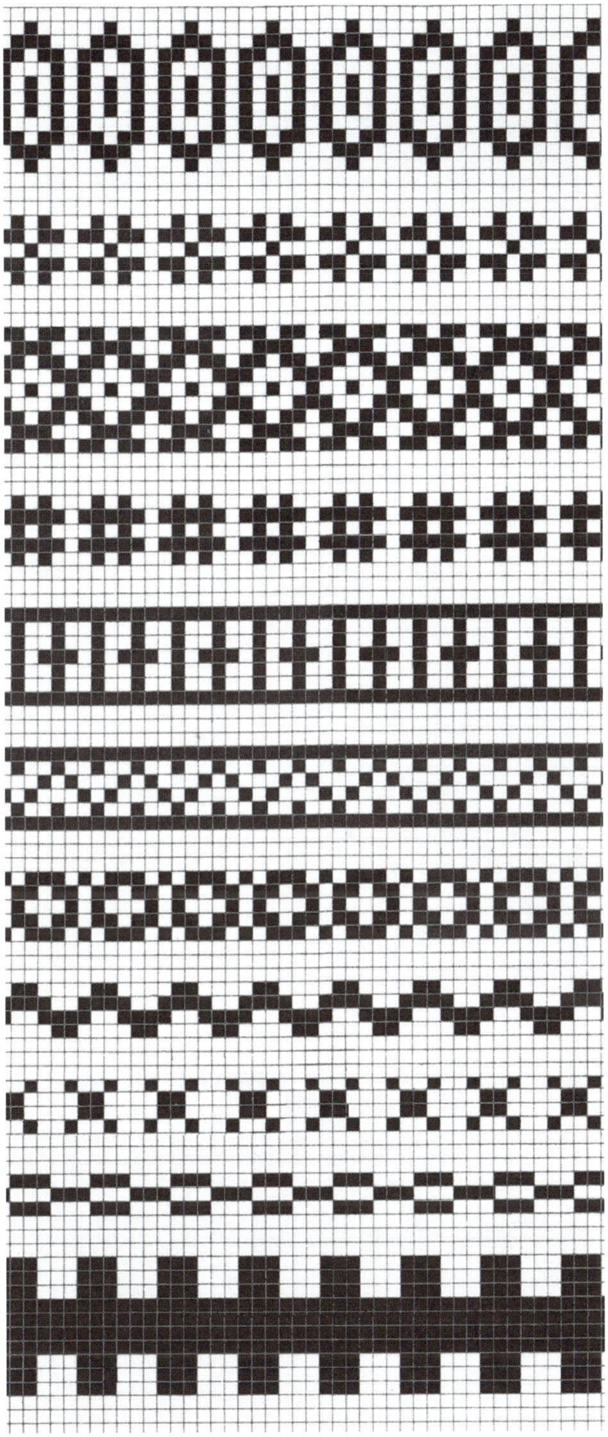

MASCHEN/KÄSTCHEN **6**

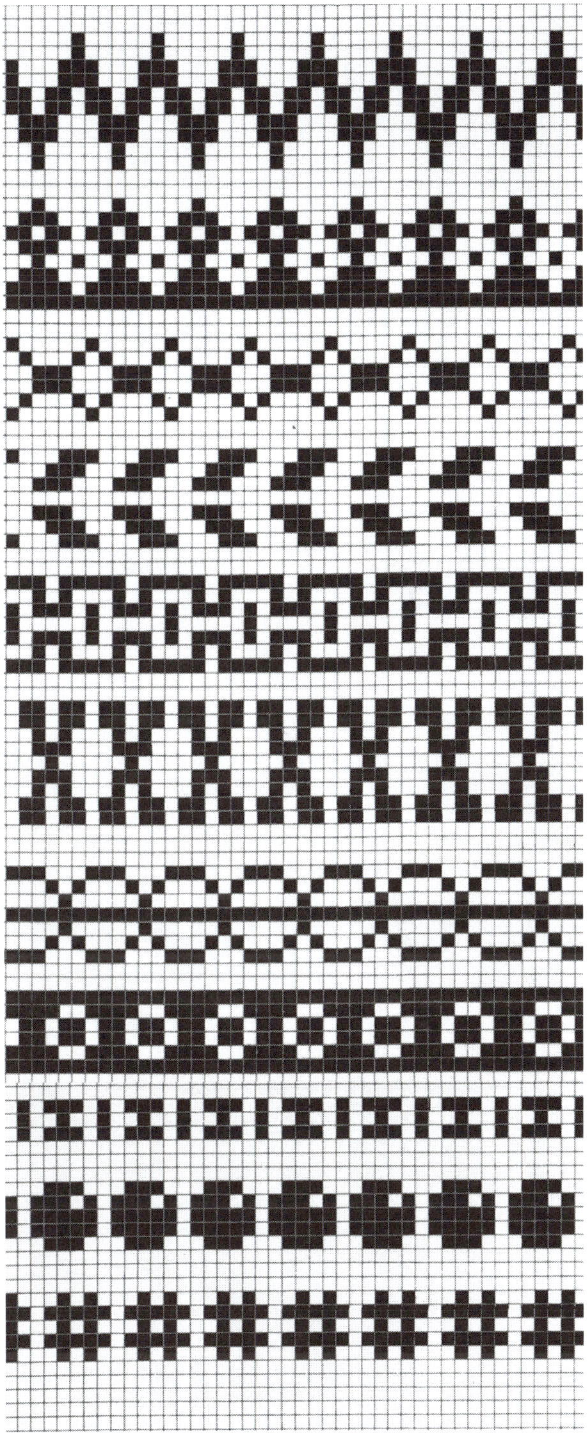

MASCHEN/KÄSTCHEN **6**

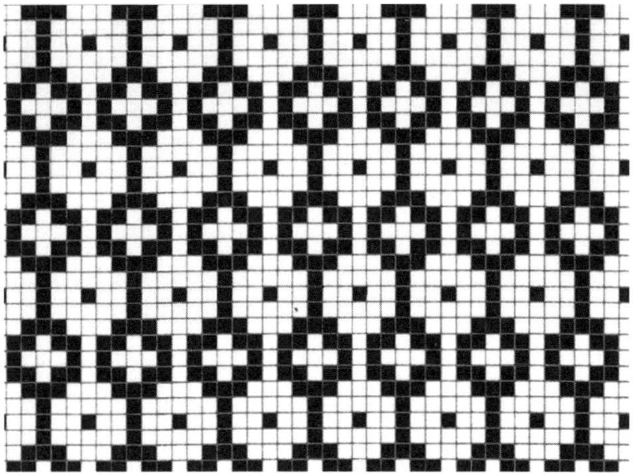

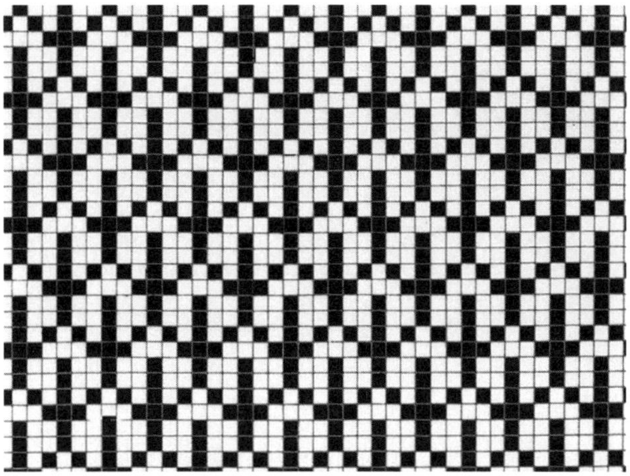

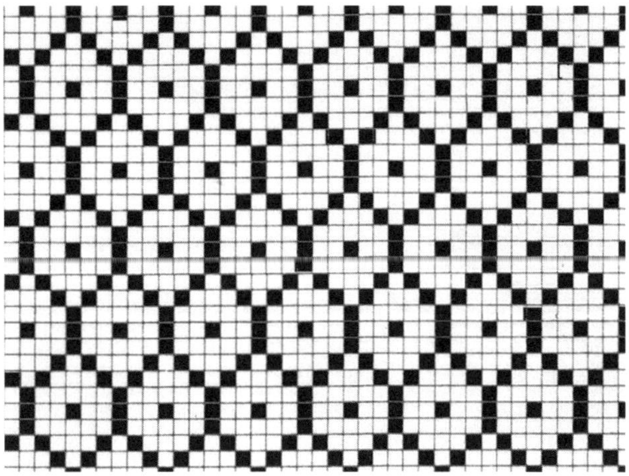

6 MASCHEN/KÄSTCHEN

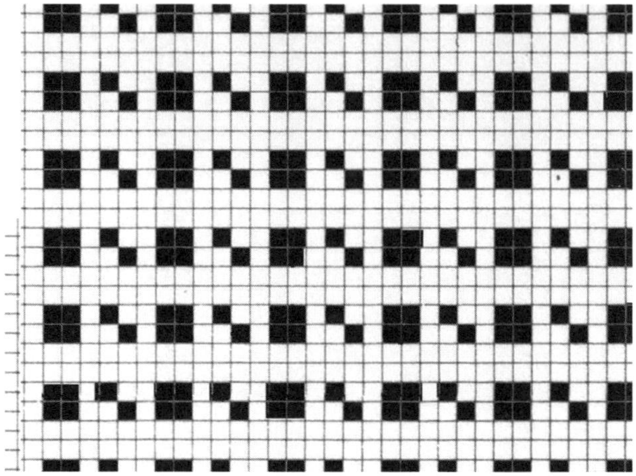

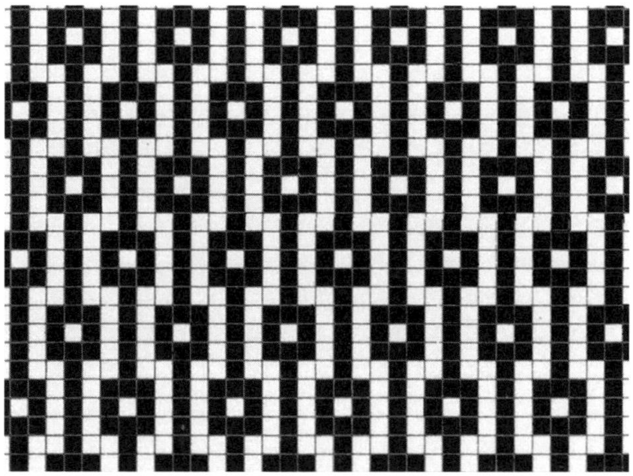

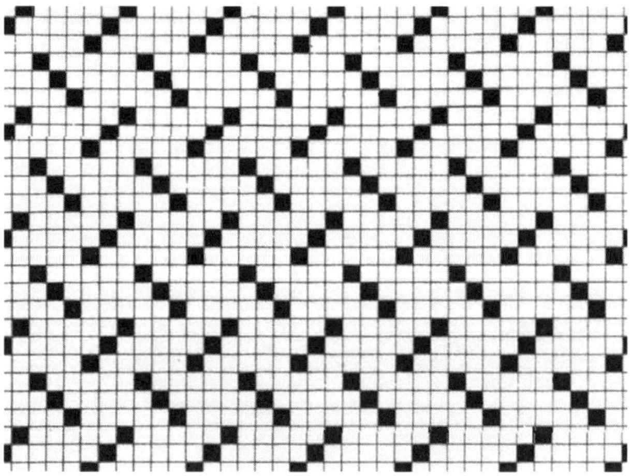

6 MASCHEN/KÄSTCHEN

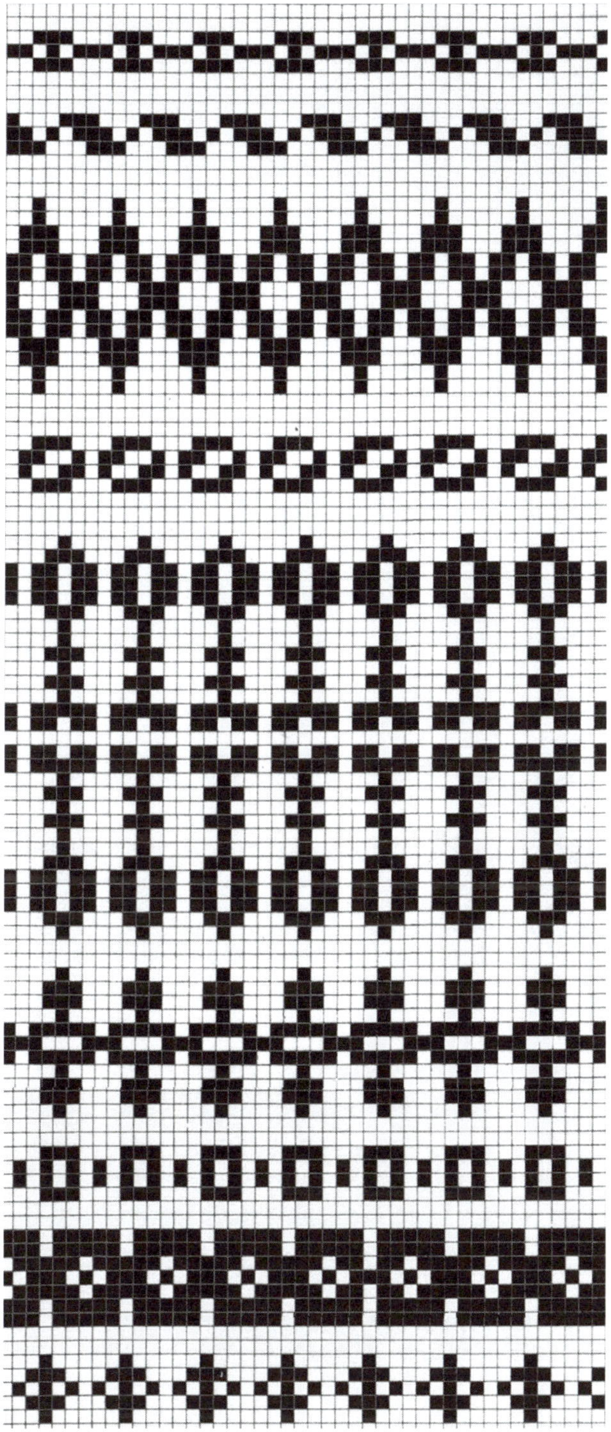

MASCHEN/KÄSTCHEN **6**

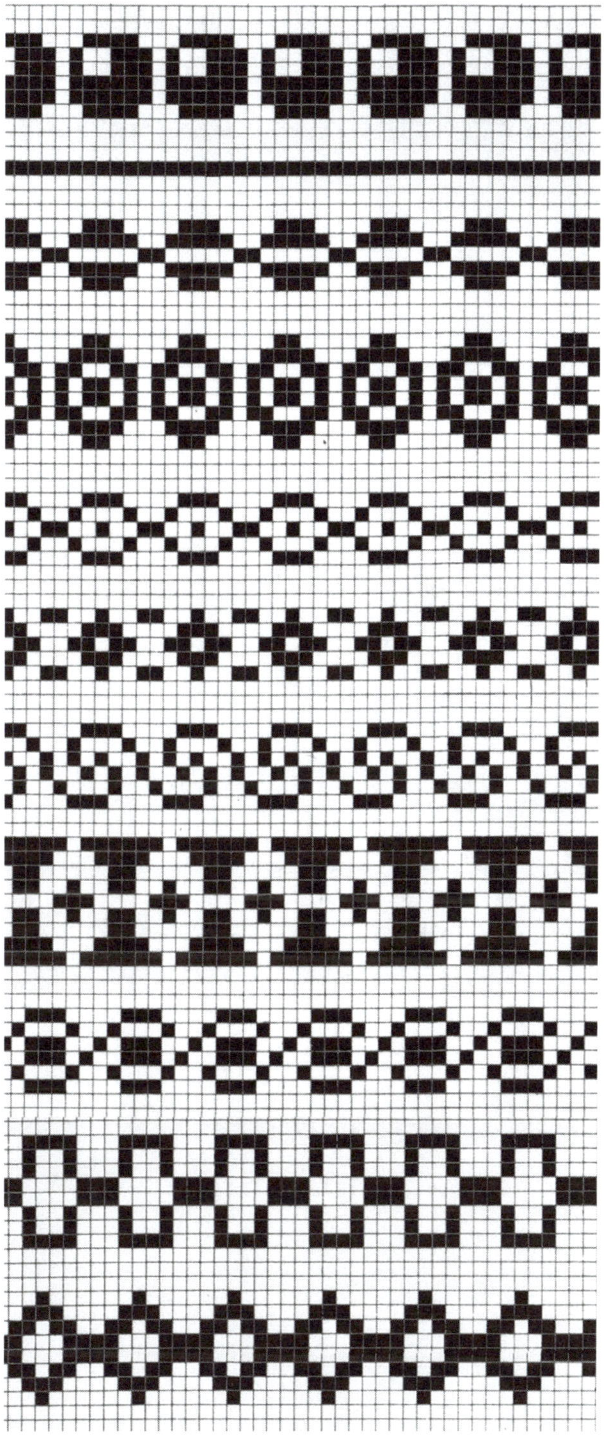

MASCHEN/KÄSTCHEN **7**

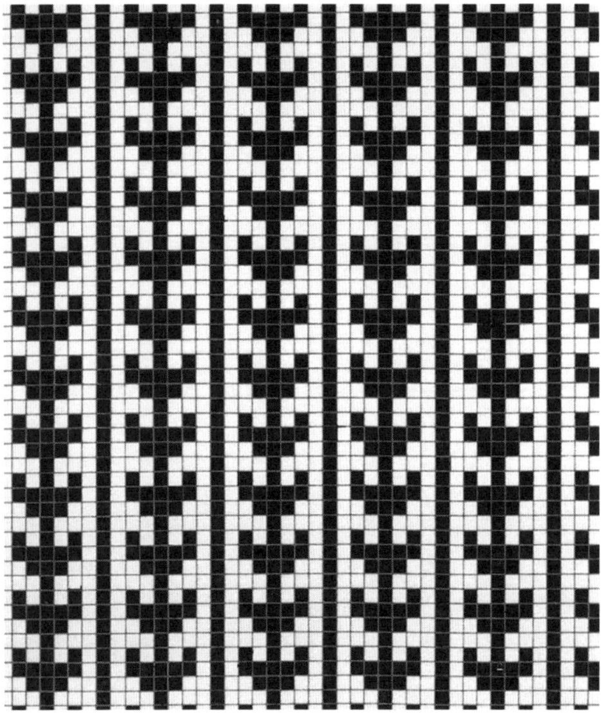

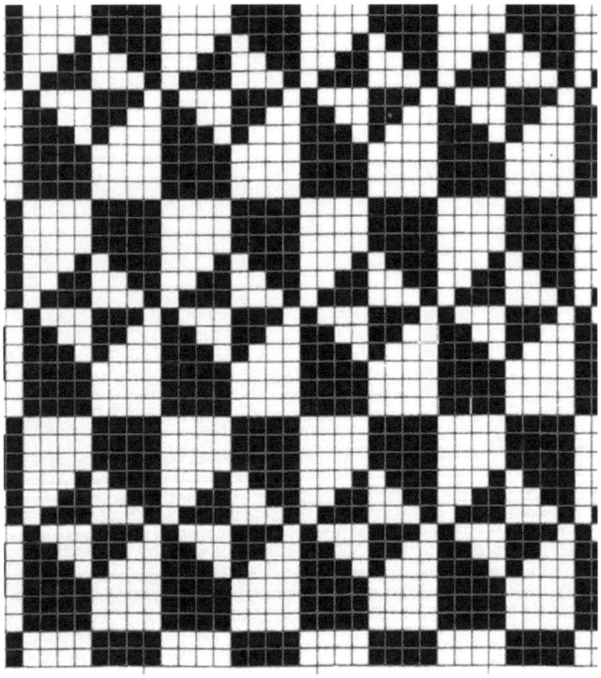

8 MASCHEN/KÄSTCHEN

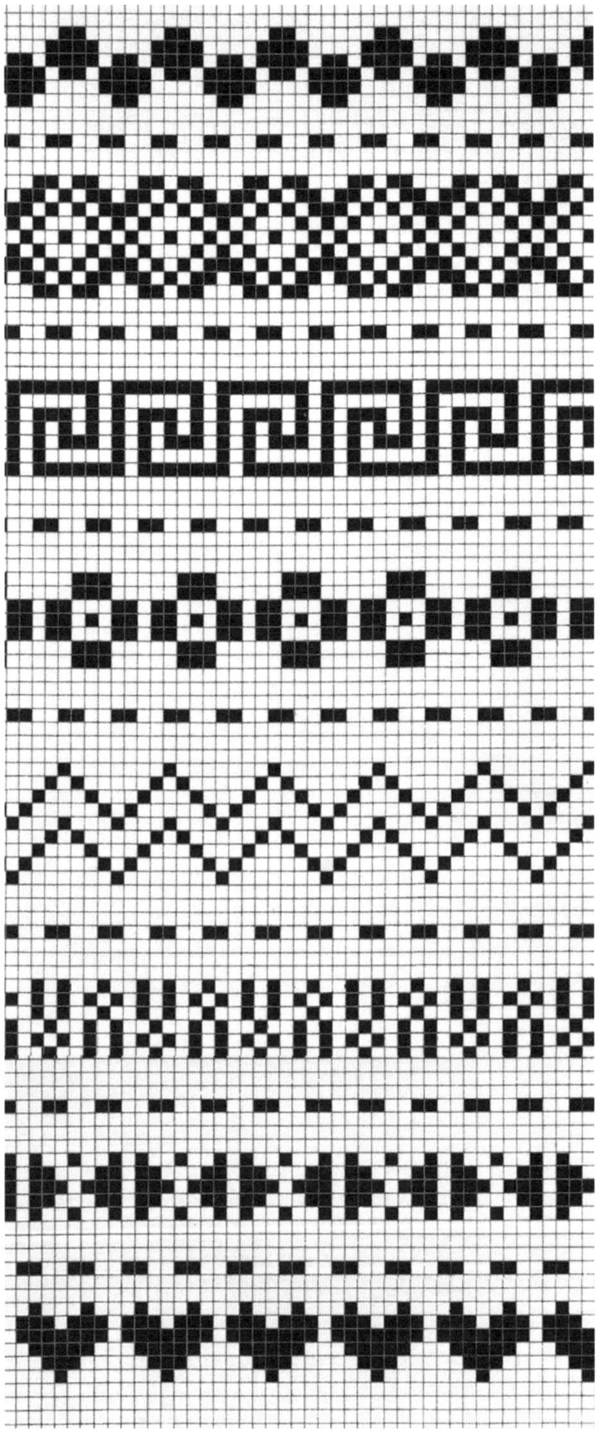

8 MASCHEN/KÄSTCHEN

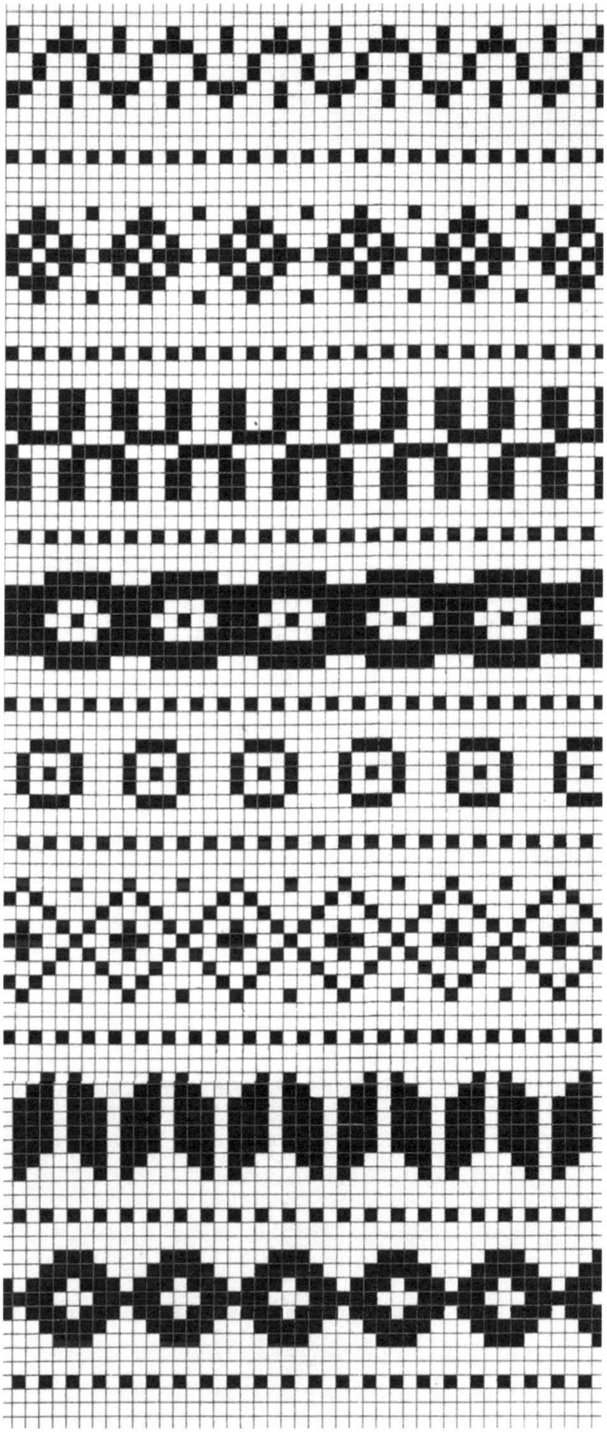

MASCHEN/KÄSTCHEN **8**

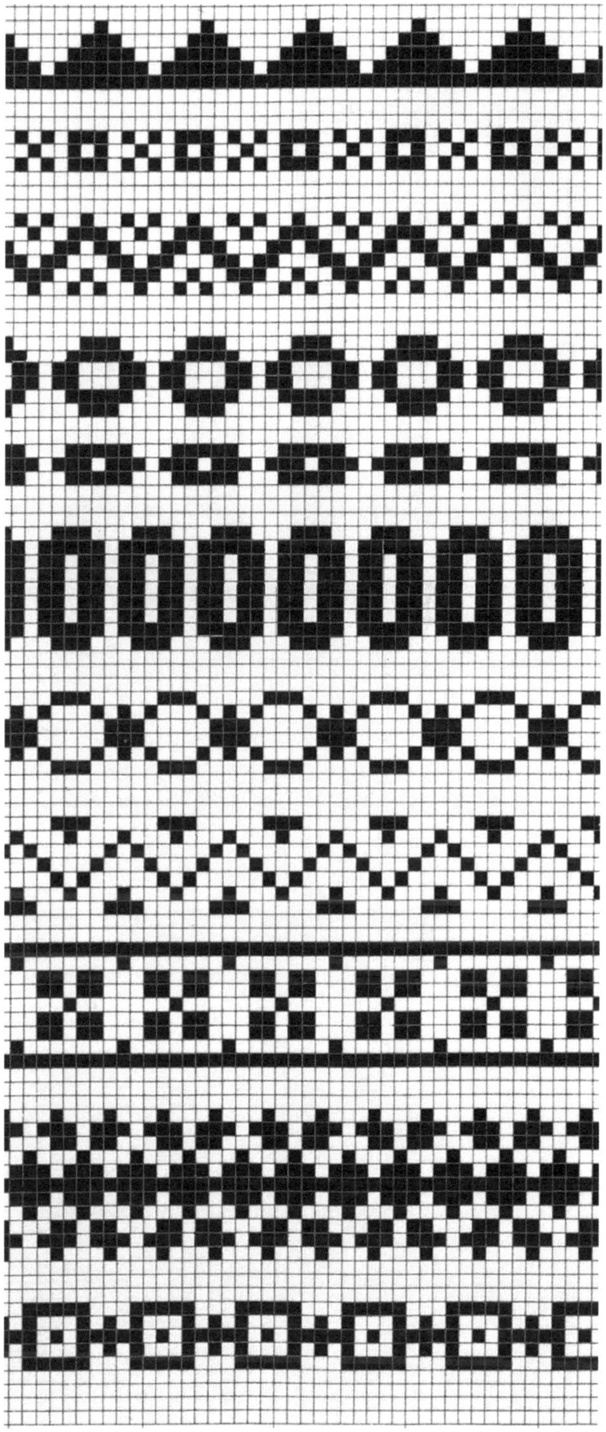

MASCHEN/KÄSTCHEN **8**

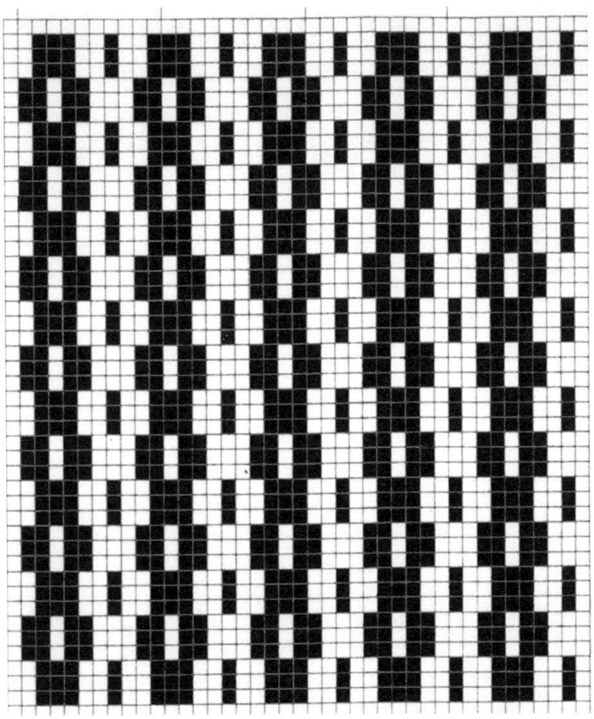

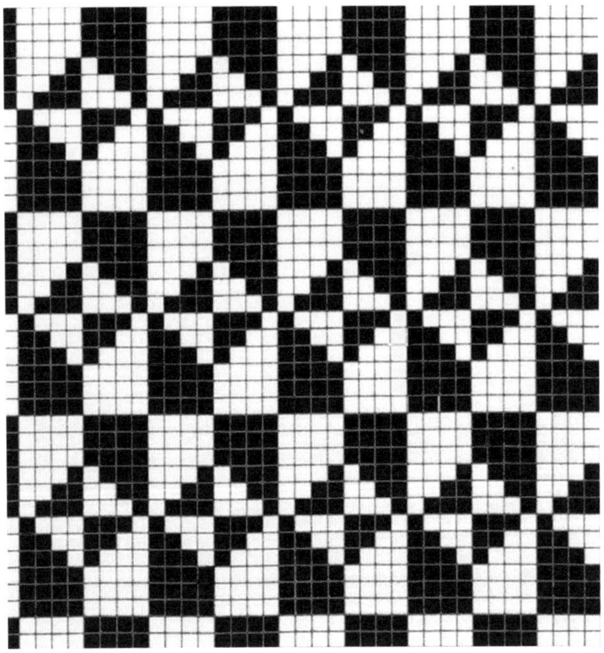

8 MASCHEN/KÄSTCHEN

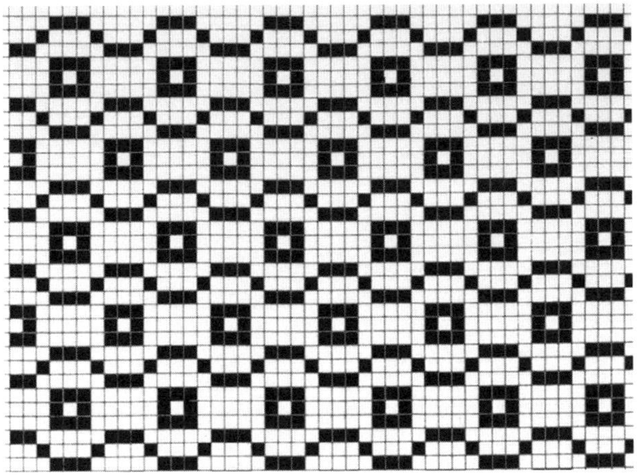

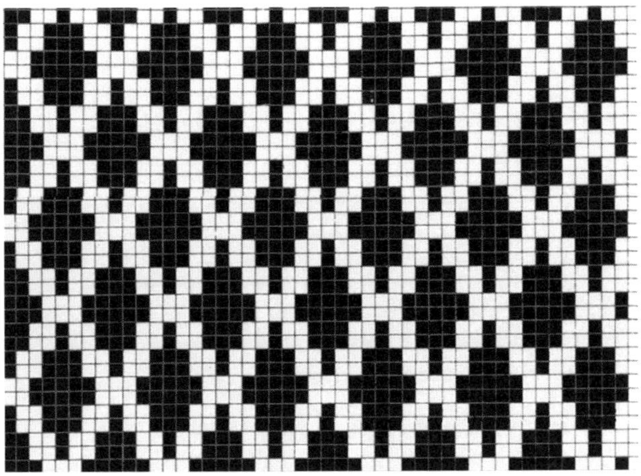

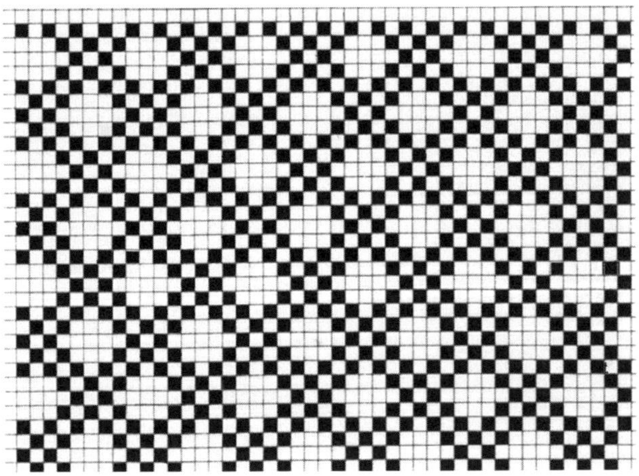

8 MASCHEN/KÄSTCHEN

MASCHEN/KÄSTCHEN **8**

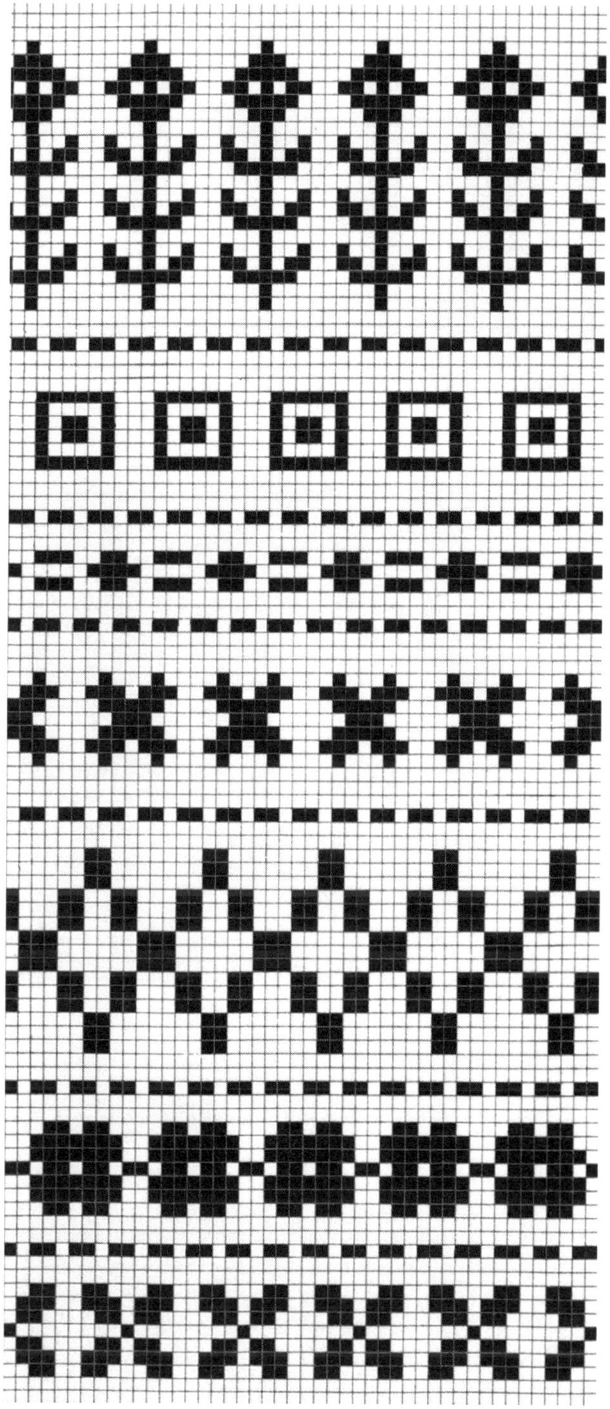

MASCHEN/KÄSTCHEN **9**

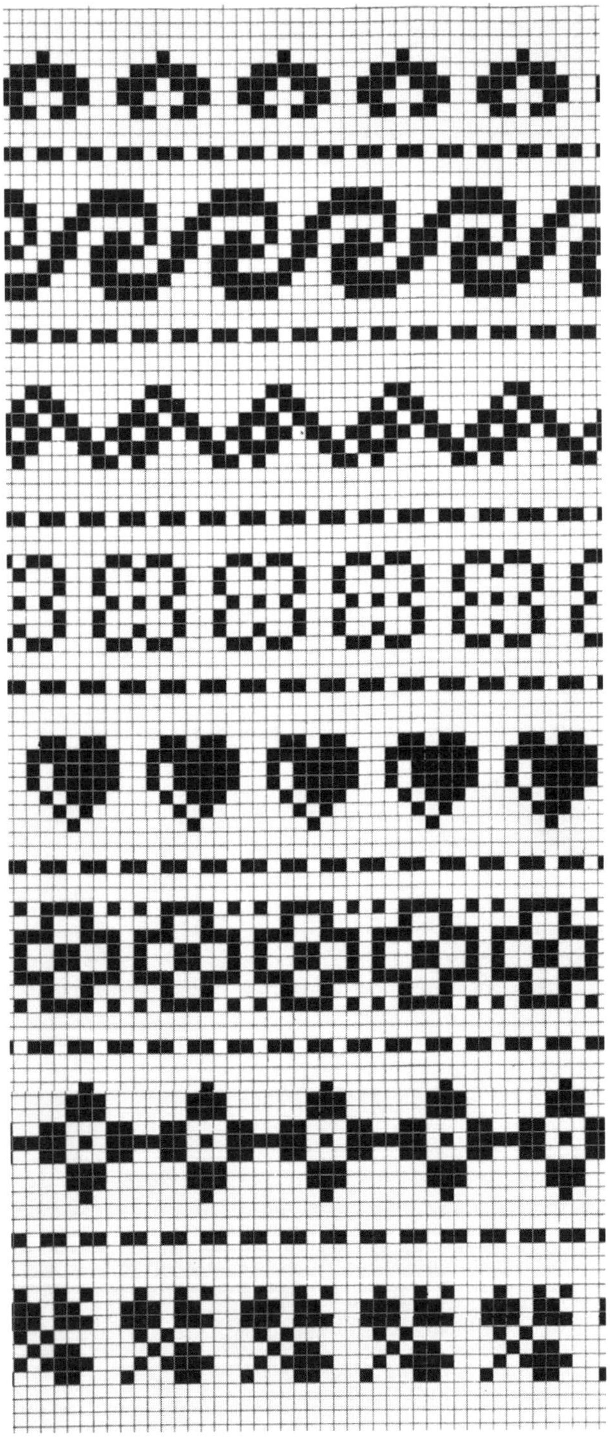

9 MASCHEN/KÄSTCHEN

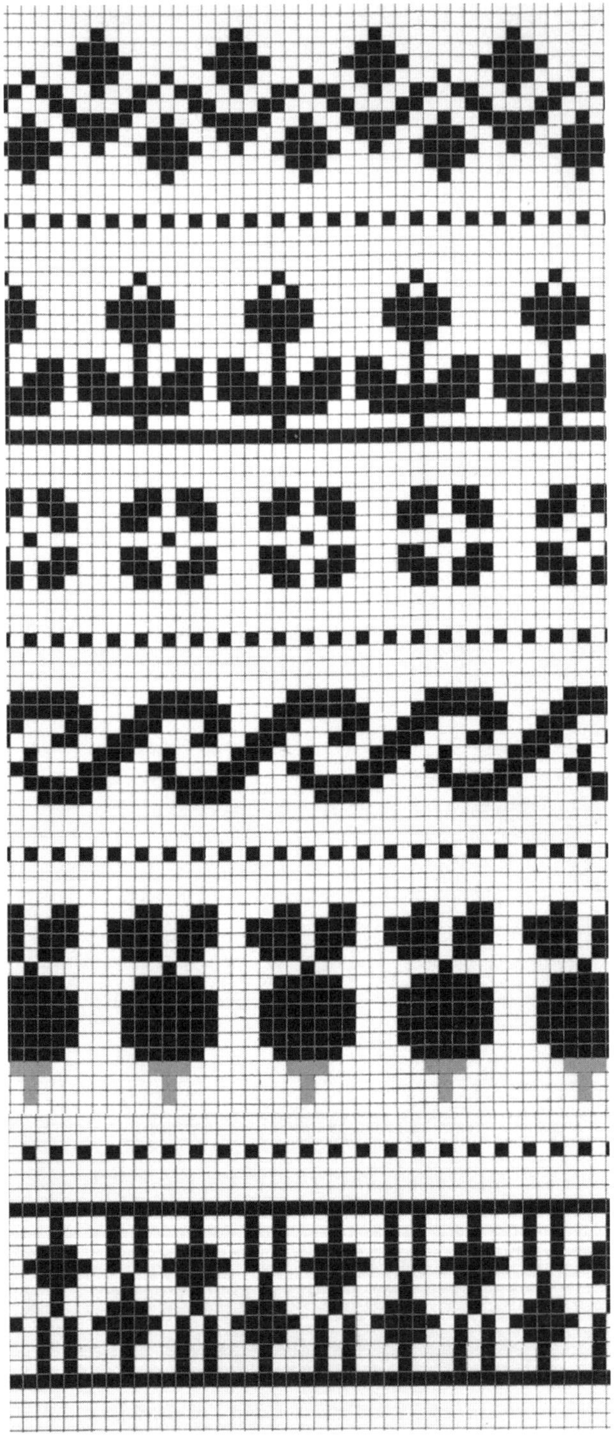

10 MASCHEN/KÄSTCHEN

MASCHEN/KÄSTCHEN **10**

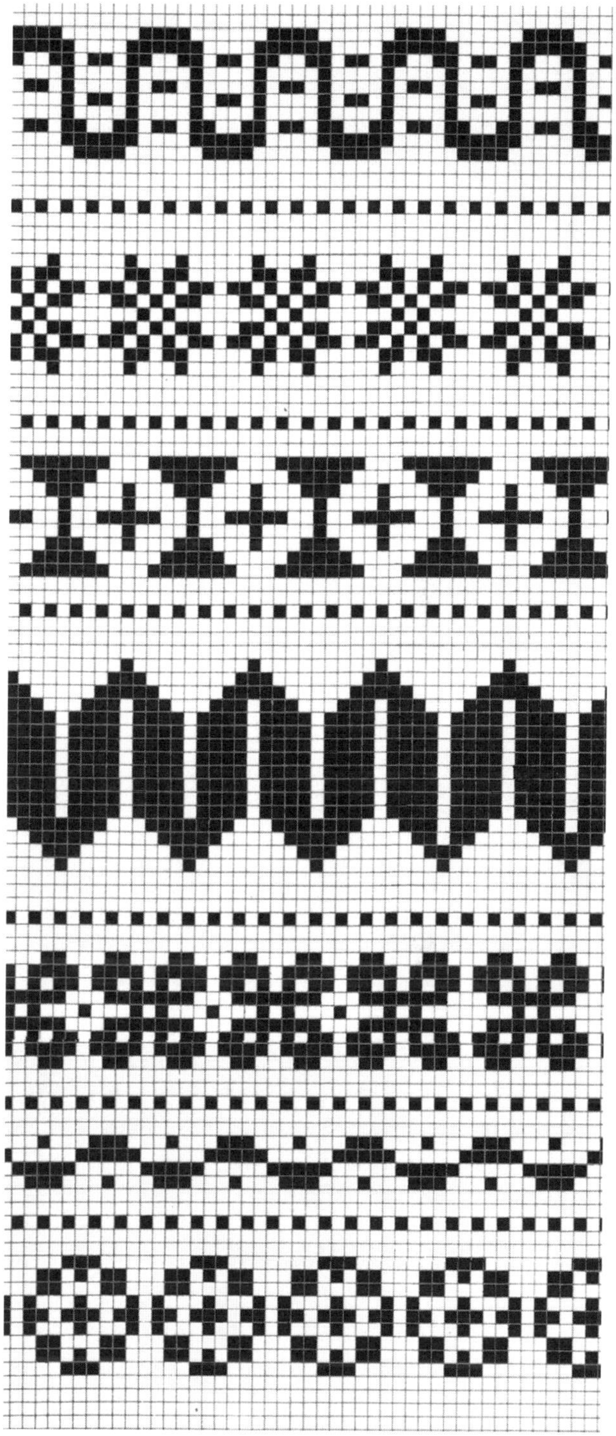

MASCHEN/KÄSTCHEN **10**

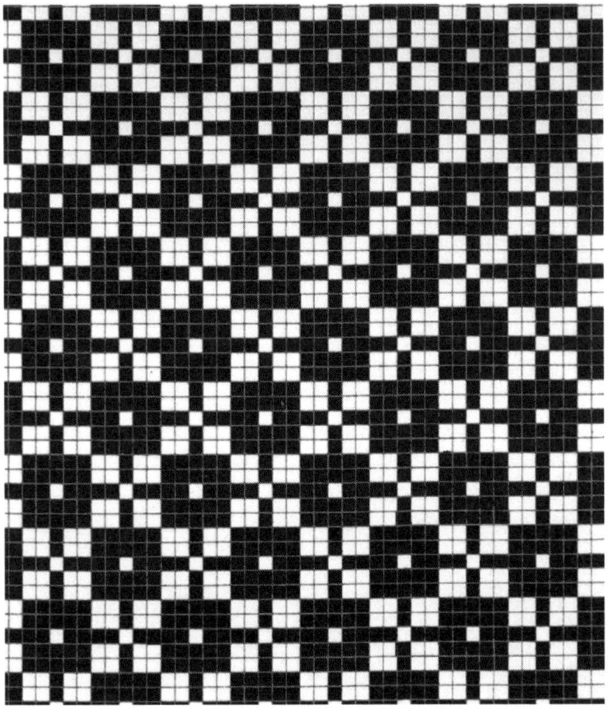

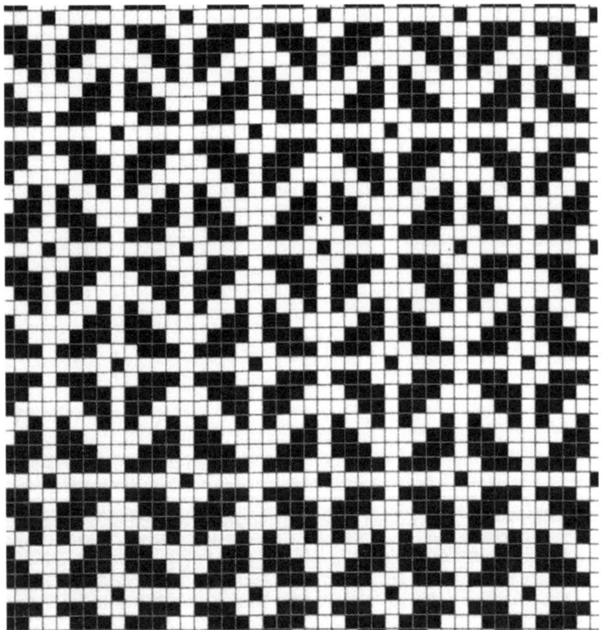

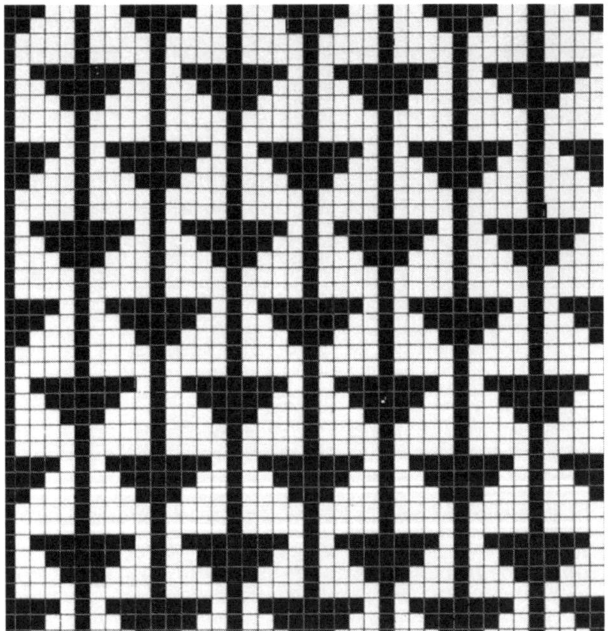

10 MASCHEN/KÄSTCHEN

10 MASCHEN/KÄSTCHEN

MASCHEN/KÄSTCHEN **12**

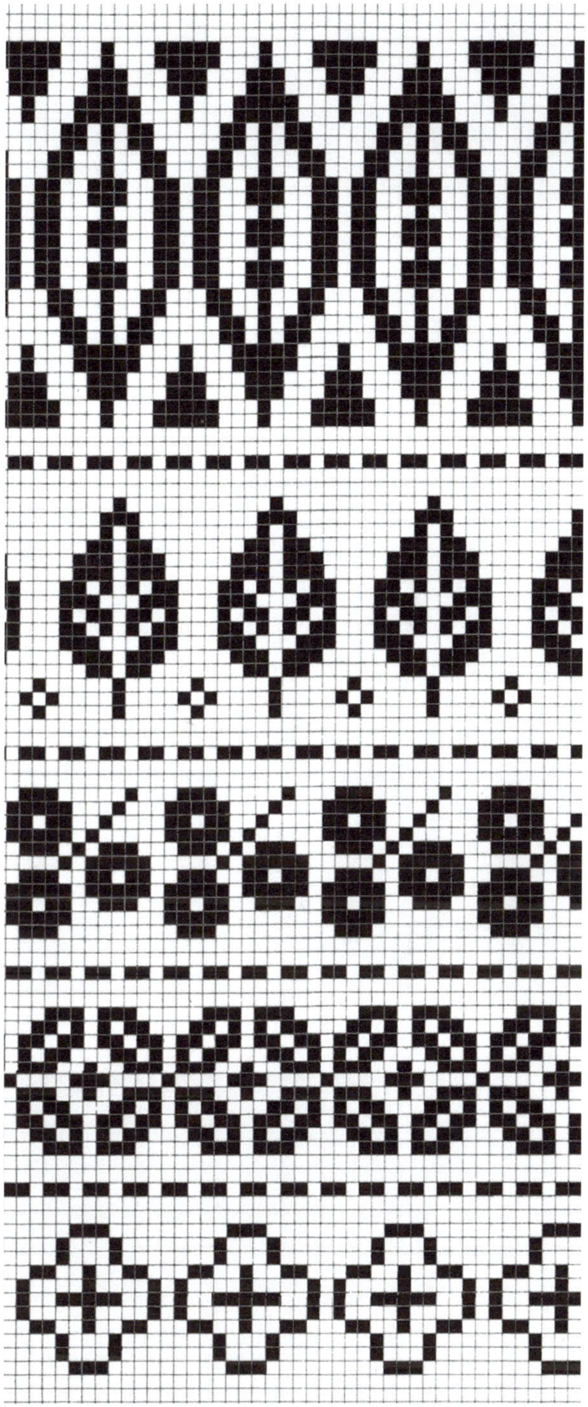

MASCHEN/KÄSTCHEN **12**

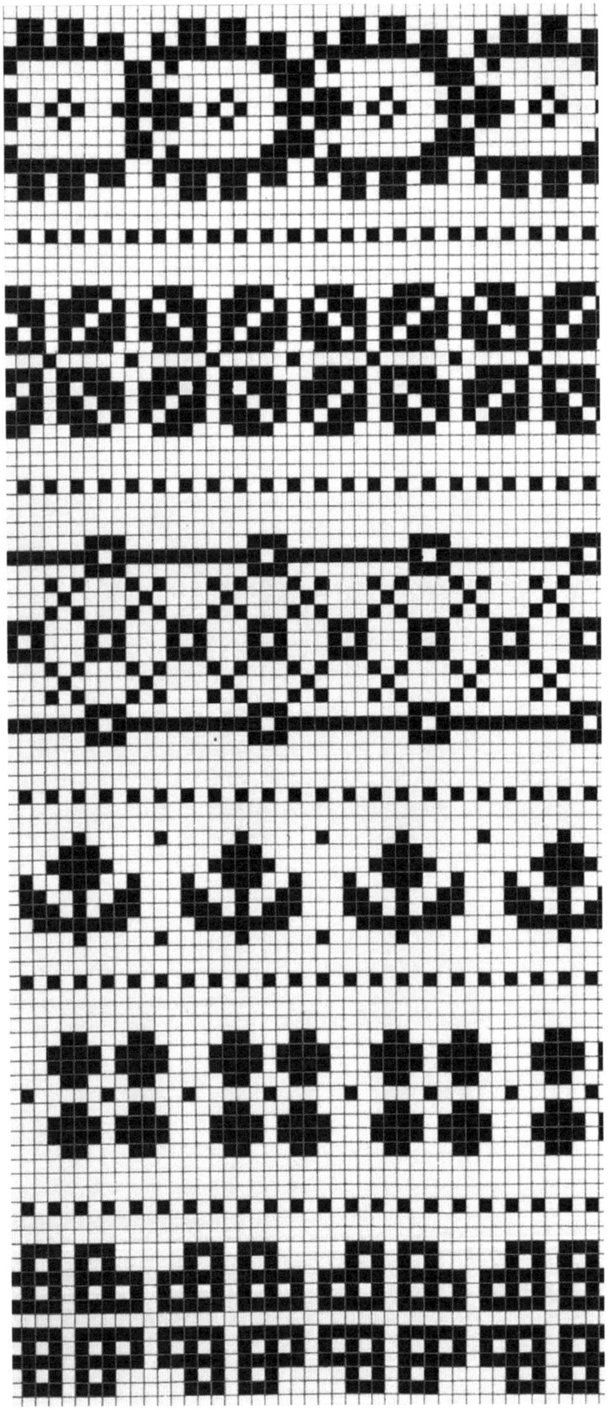

12 MASCHEN/KÄSTCHEN

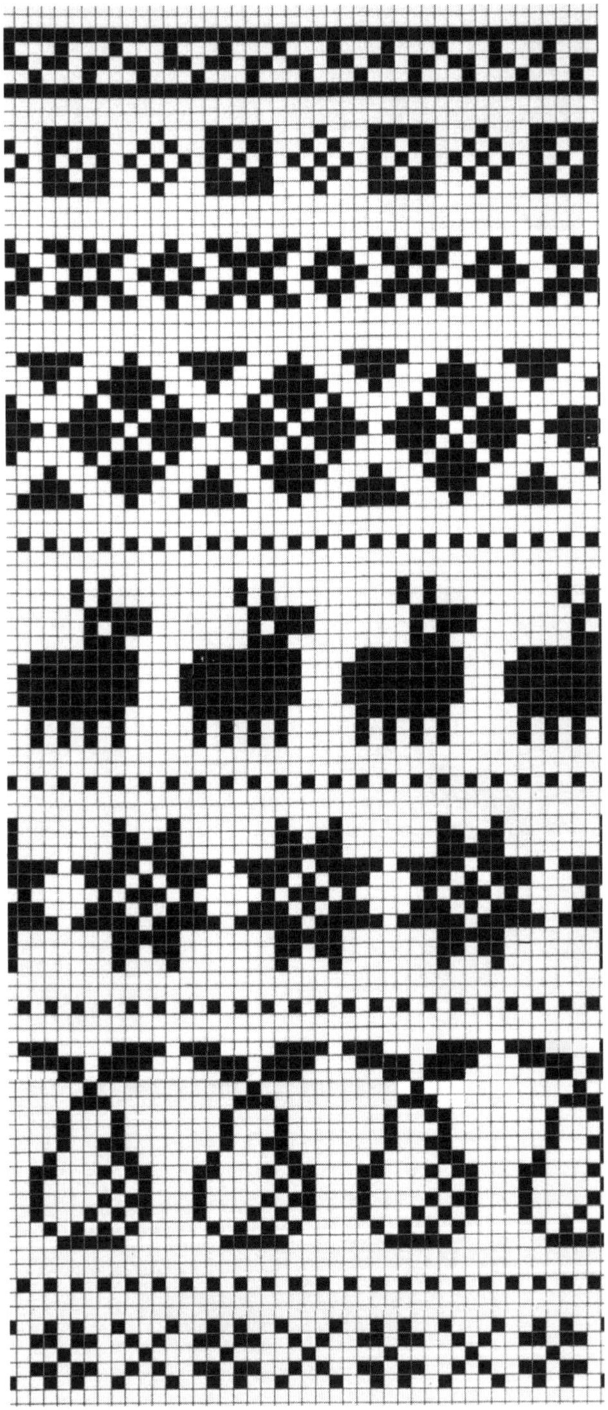

12 MASCHEN/KÄSTCHEN

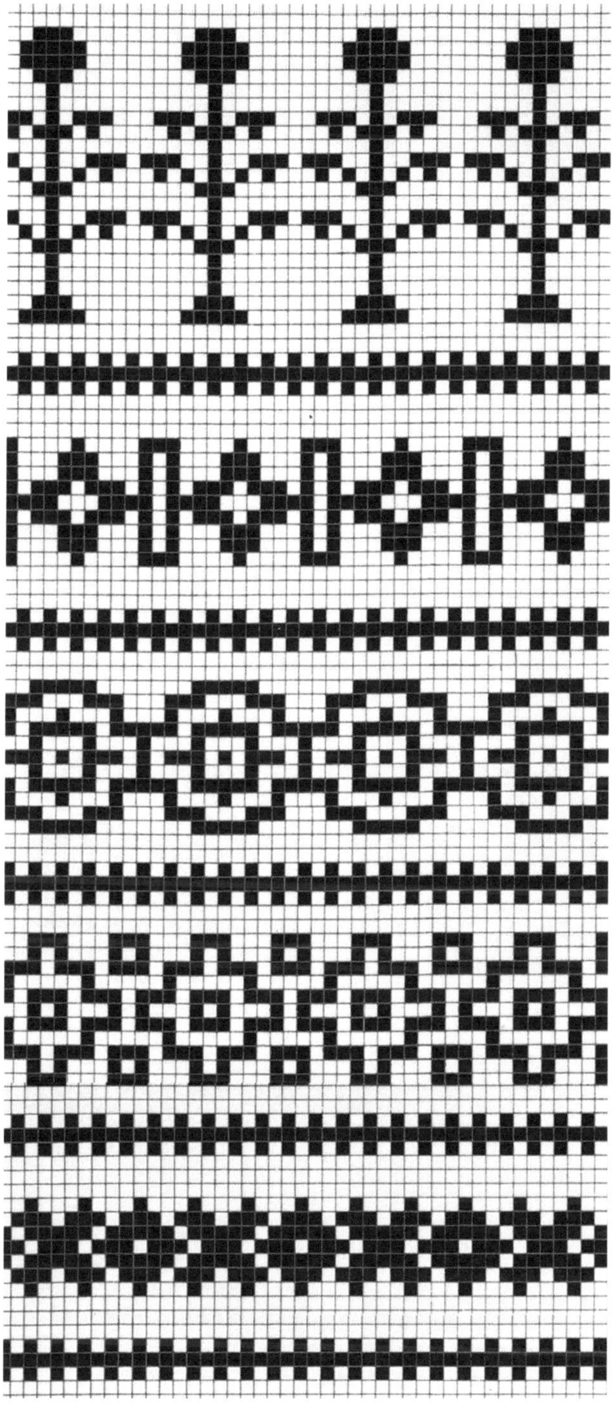

MASCHEN/KÄSTCHEN **12**

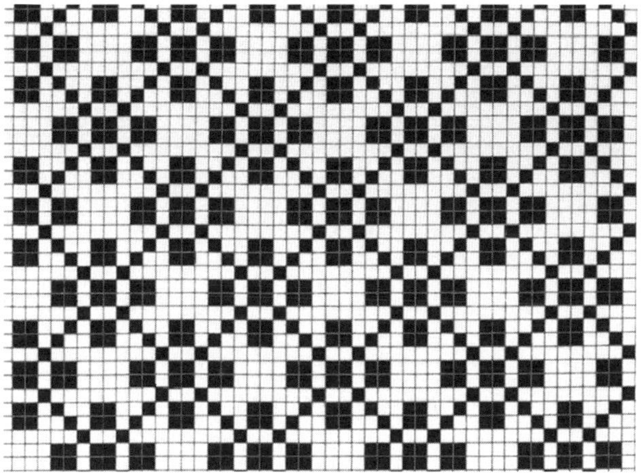

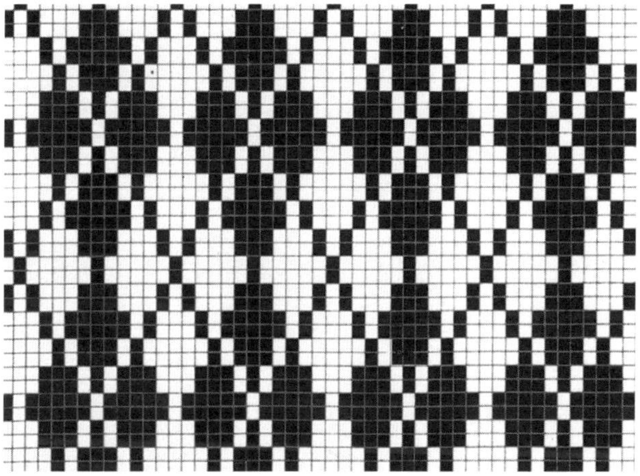

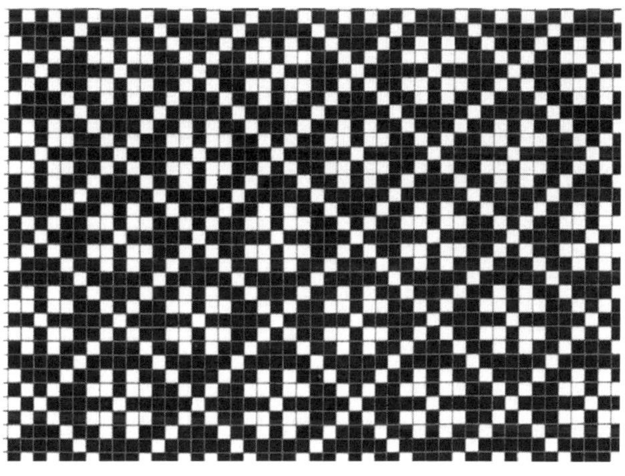

MASCHEN/KÄSTCHEN **12**

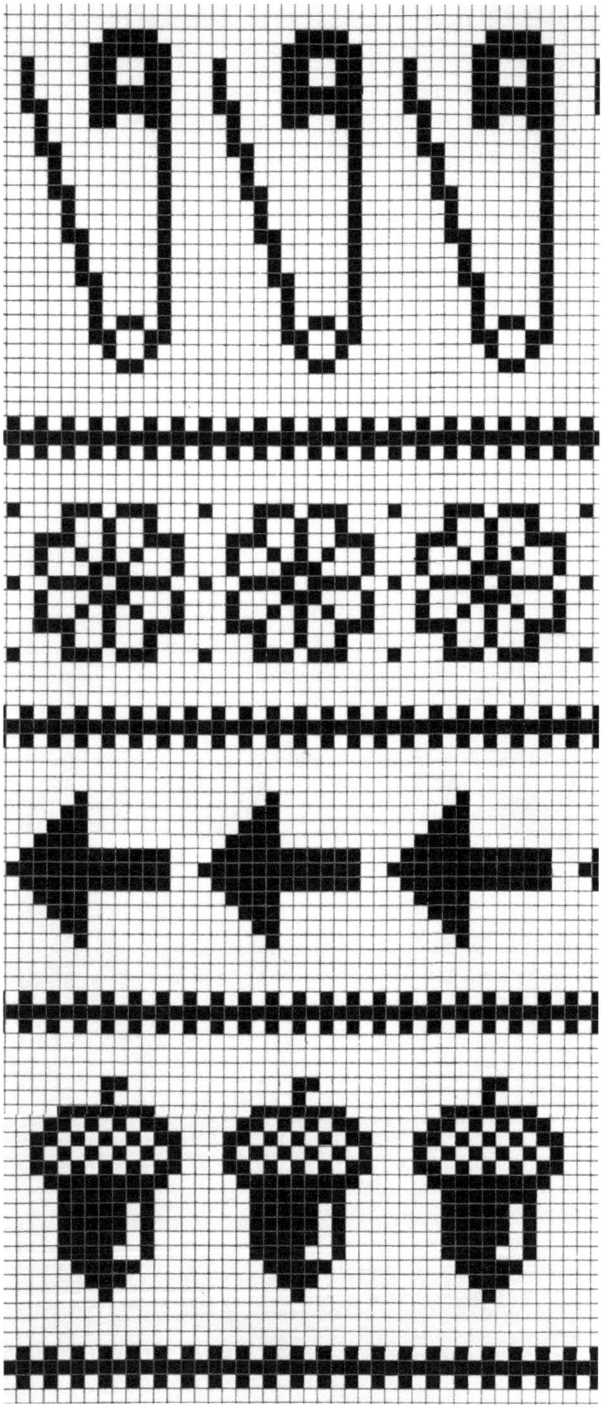

14 MASCHEN/KÄSTCHEN

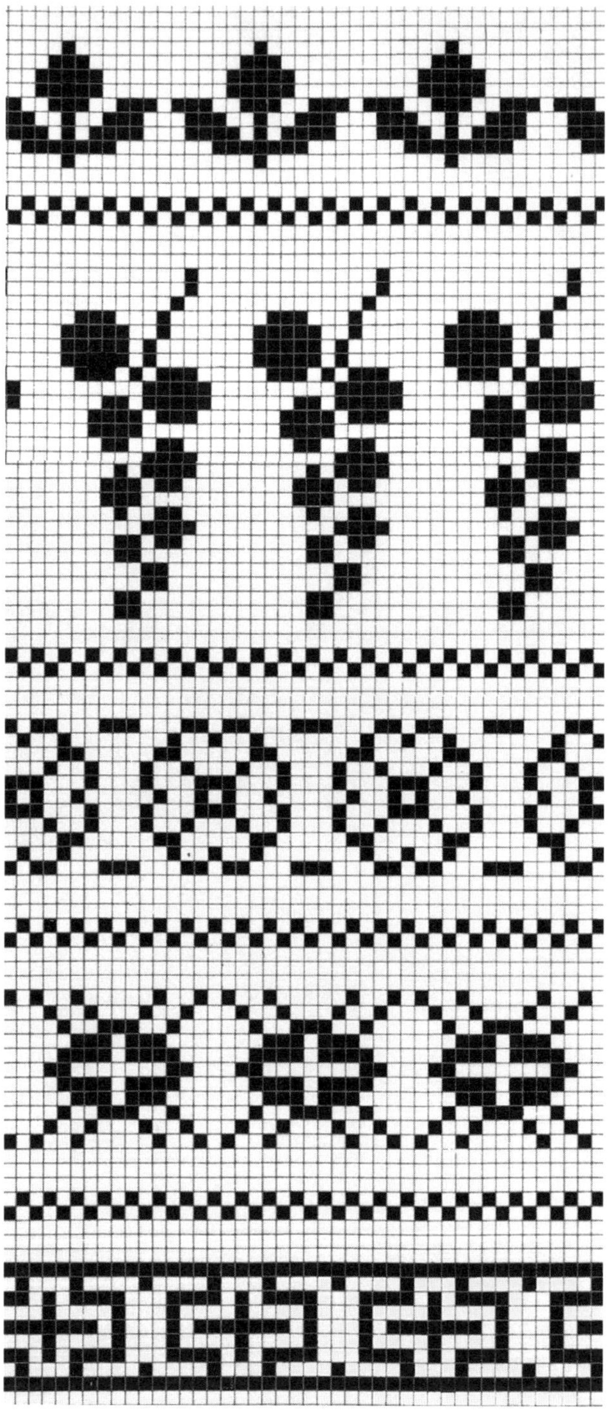

14 MASCHEN/KÄSTCHEN

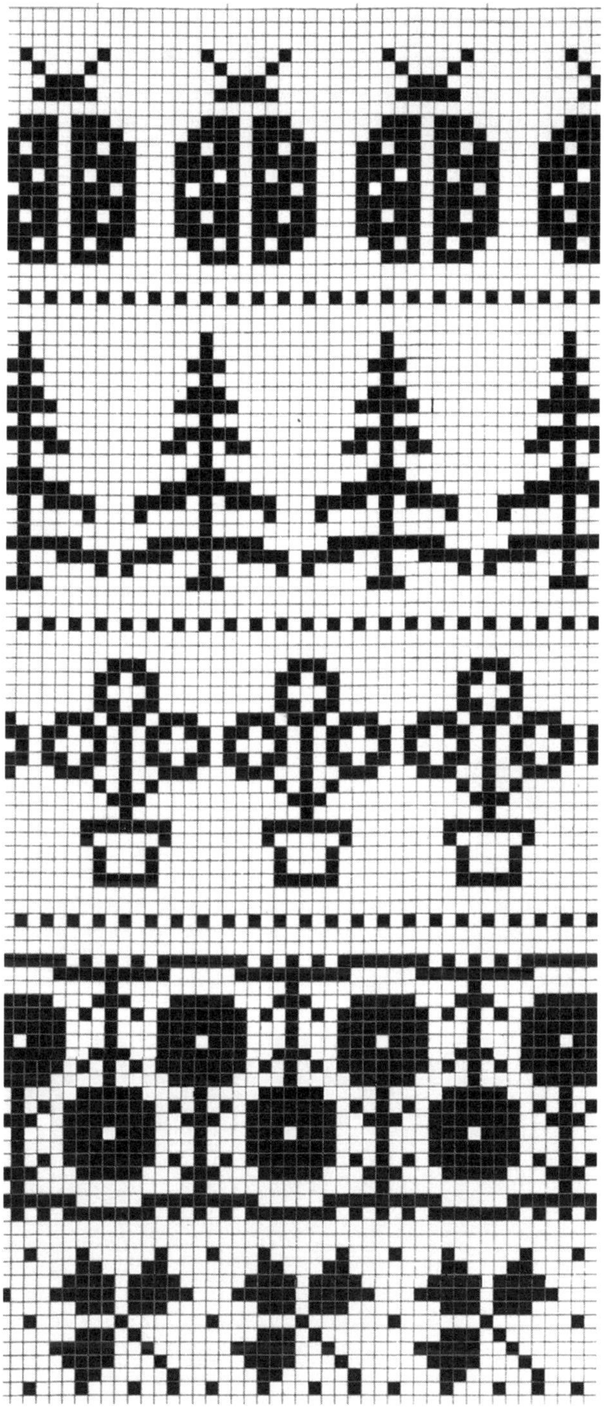

MASCHEN/KÄSTCHEN **14**

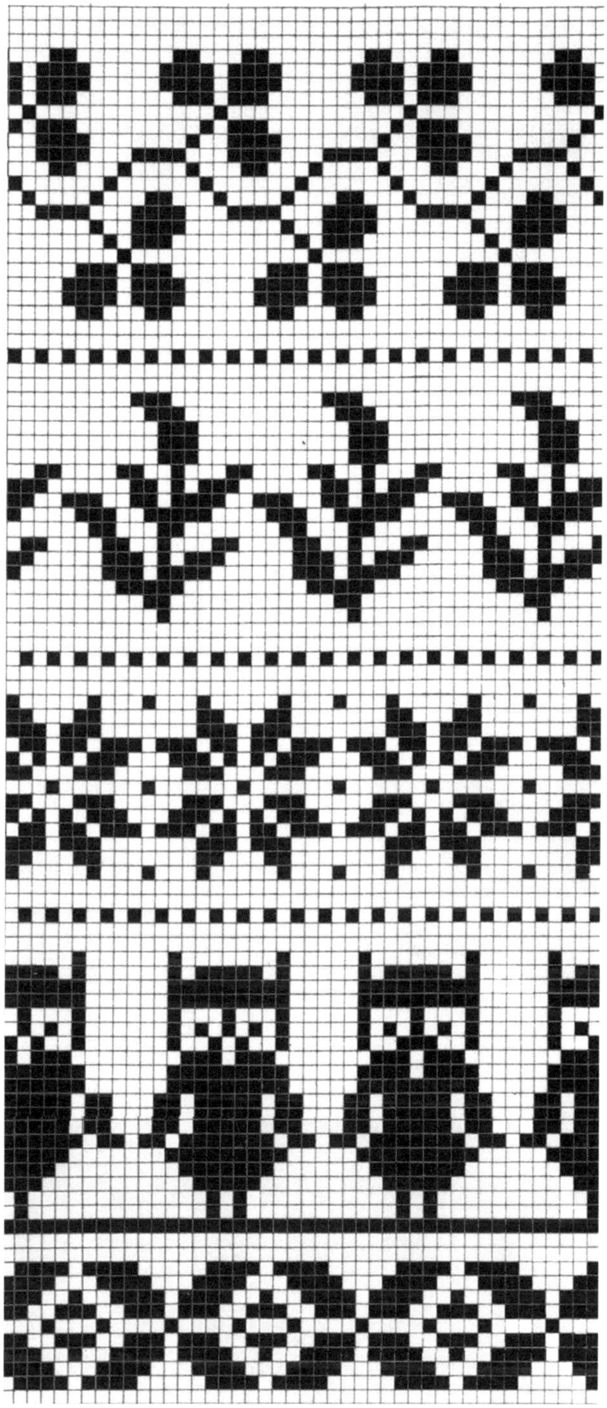

MASCHEN/KÄSTCHEN **14**

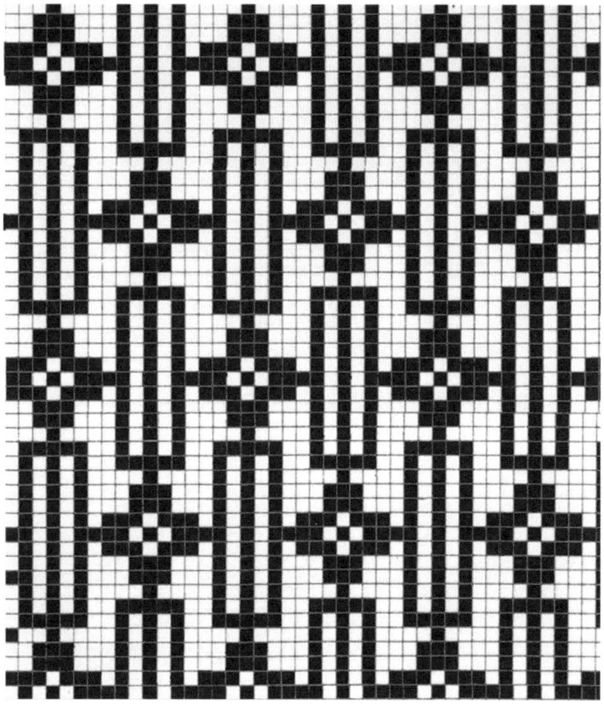

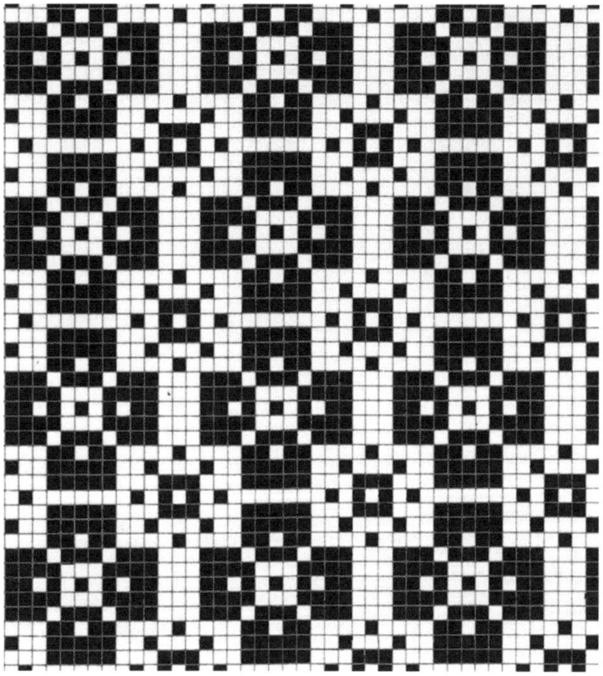

14 MASCHEN/KÄSTCHEN

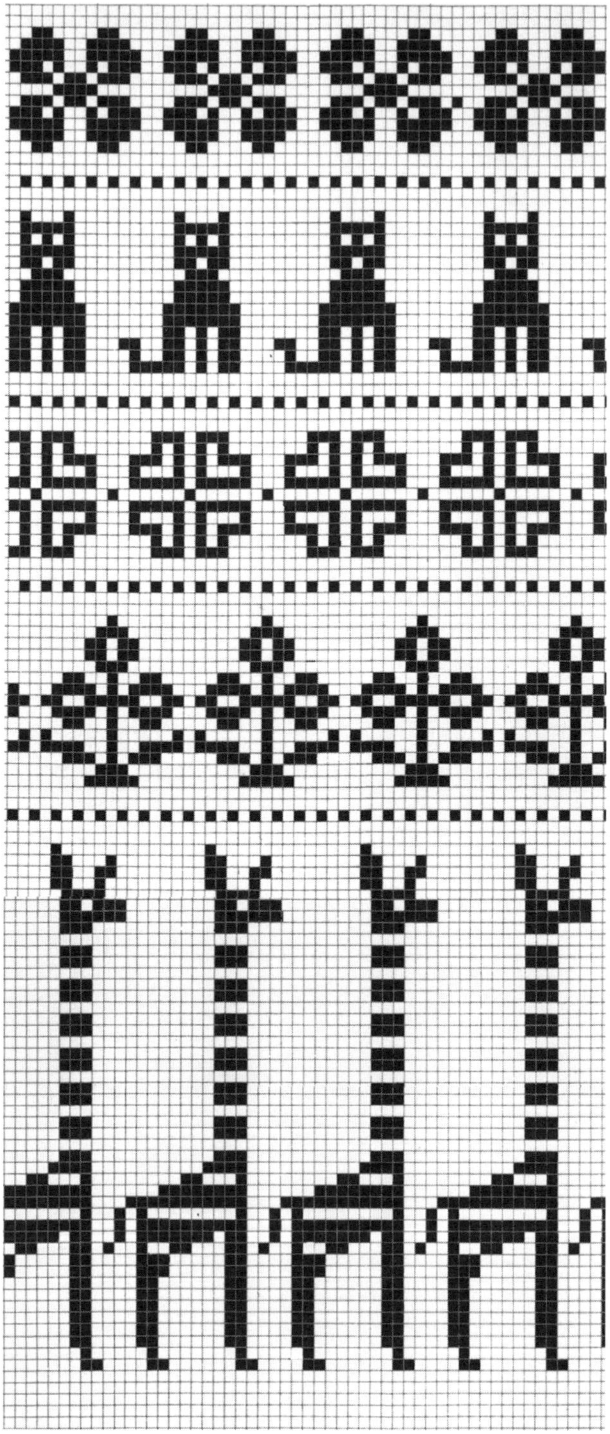

14 MASCHEN/KÄSTCHEN

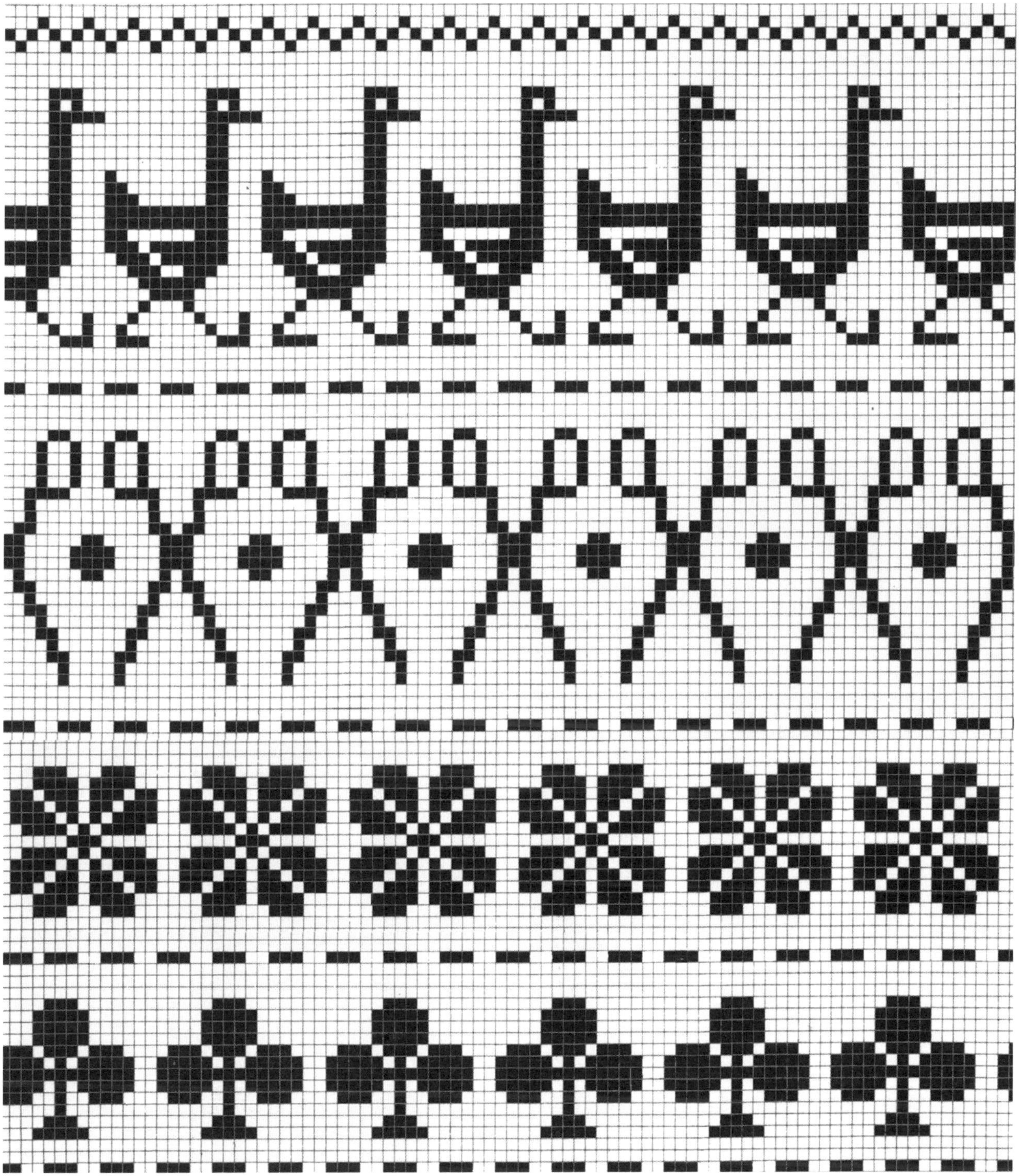

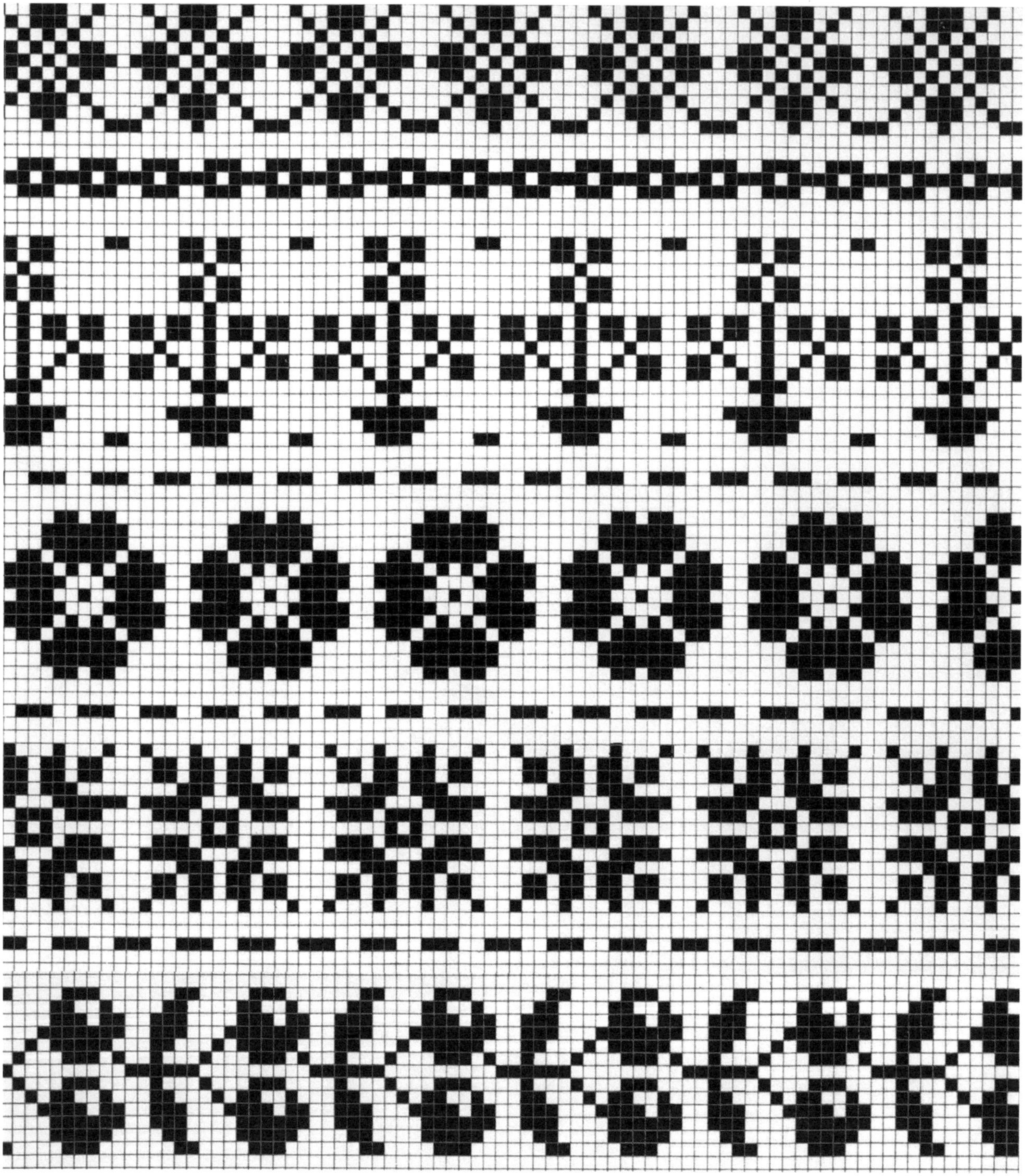

15 MASCHEN/KÄSTCHEN

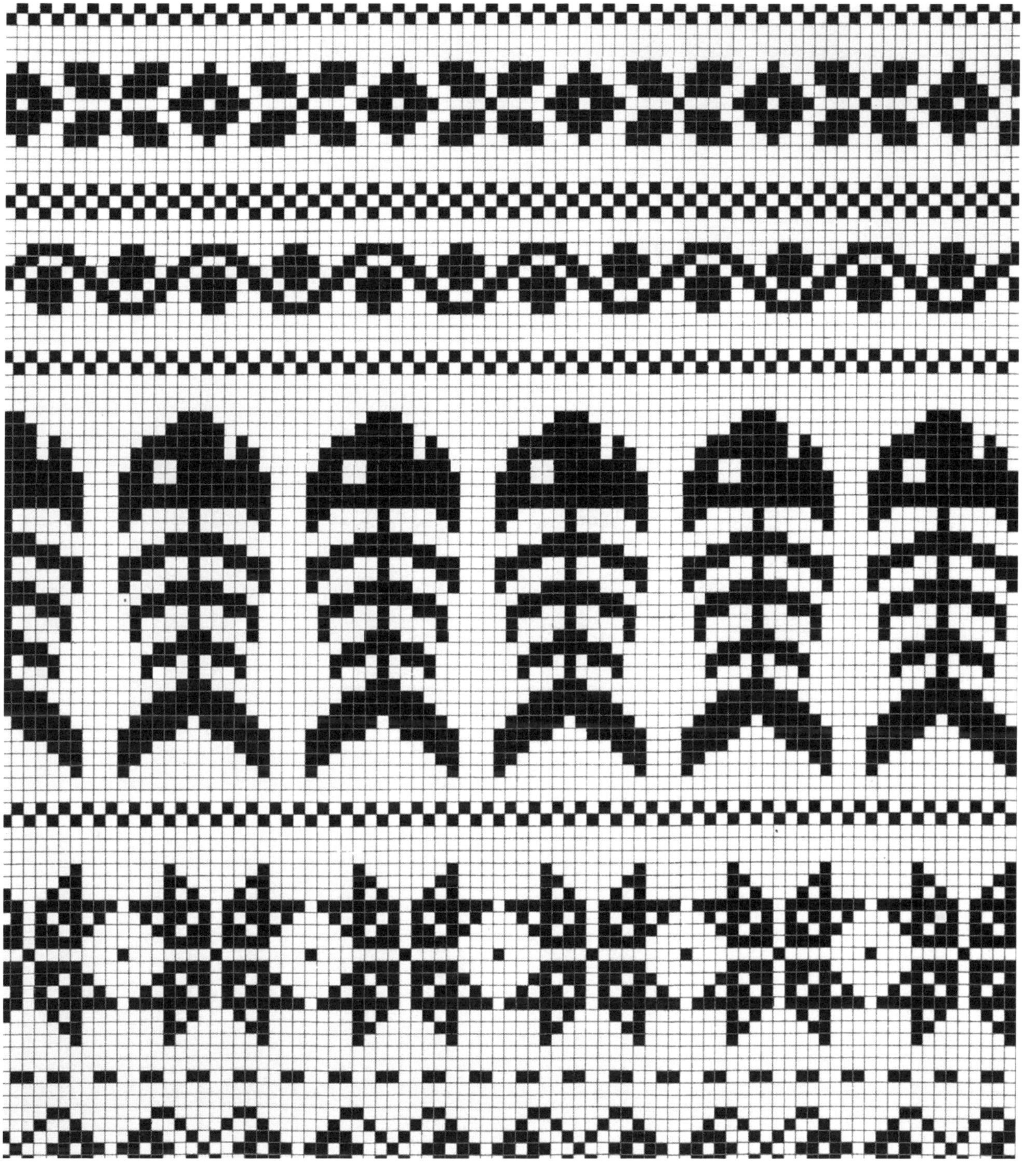

MASCHEN/KÄSTCHEN **16**

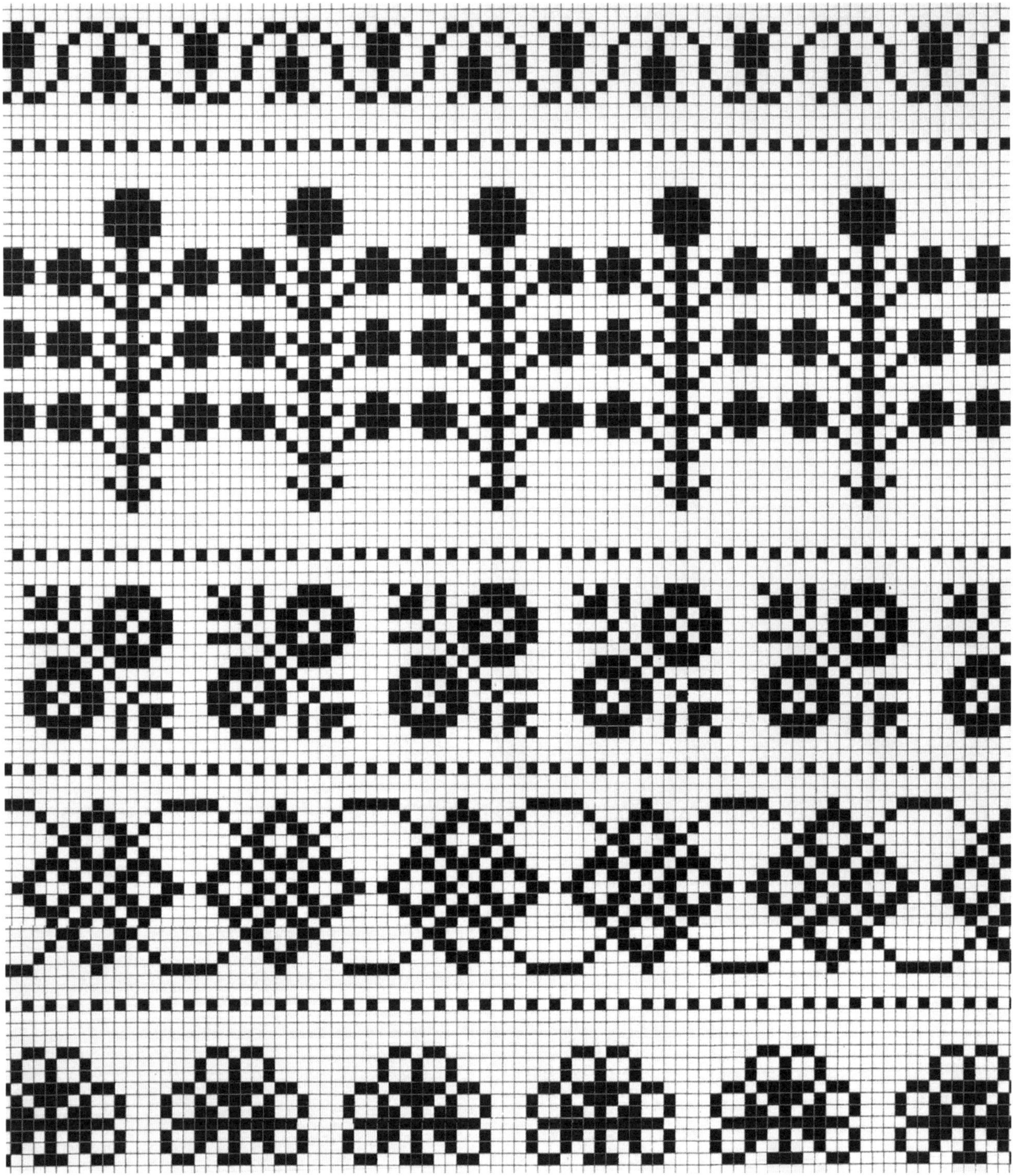

16 MASCHEN/KÄSTCHEN

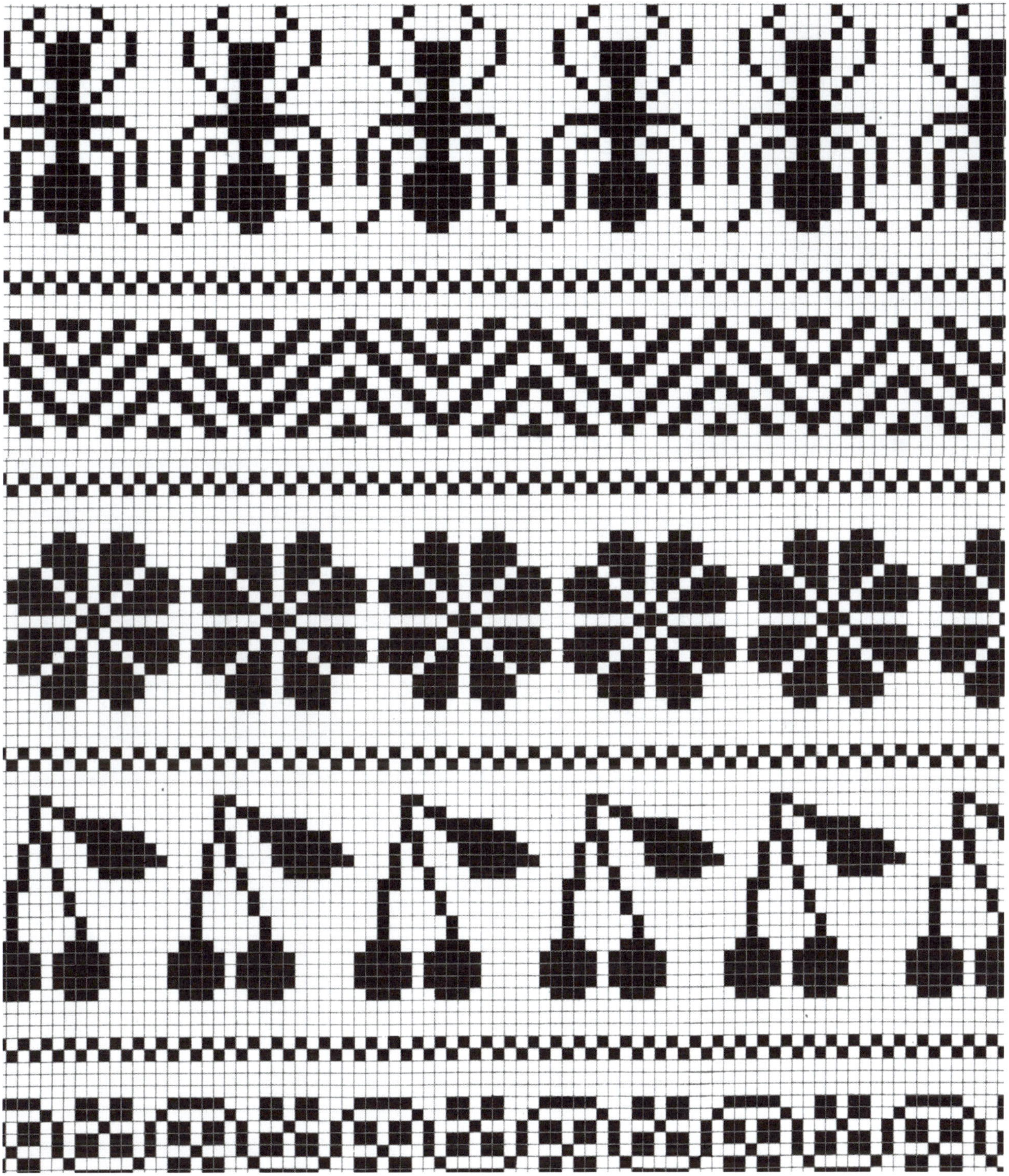

MASCHEN/KÄSTCHEN **16**

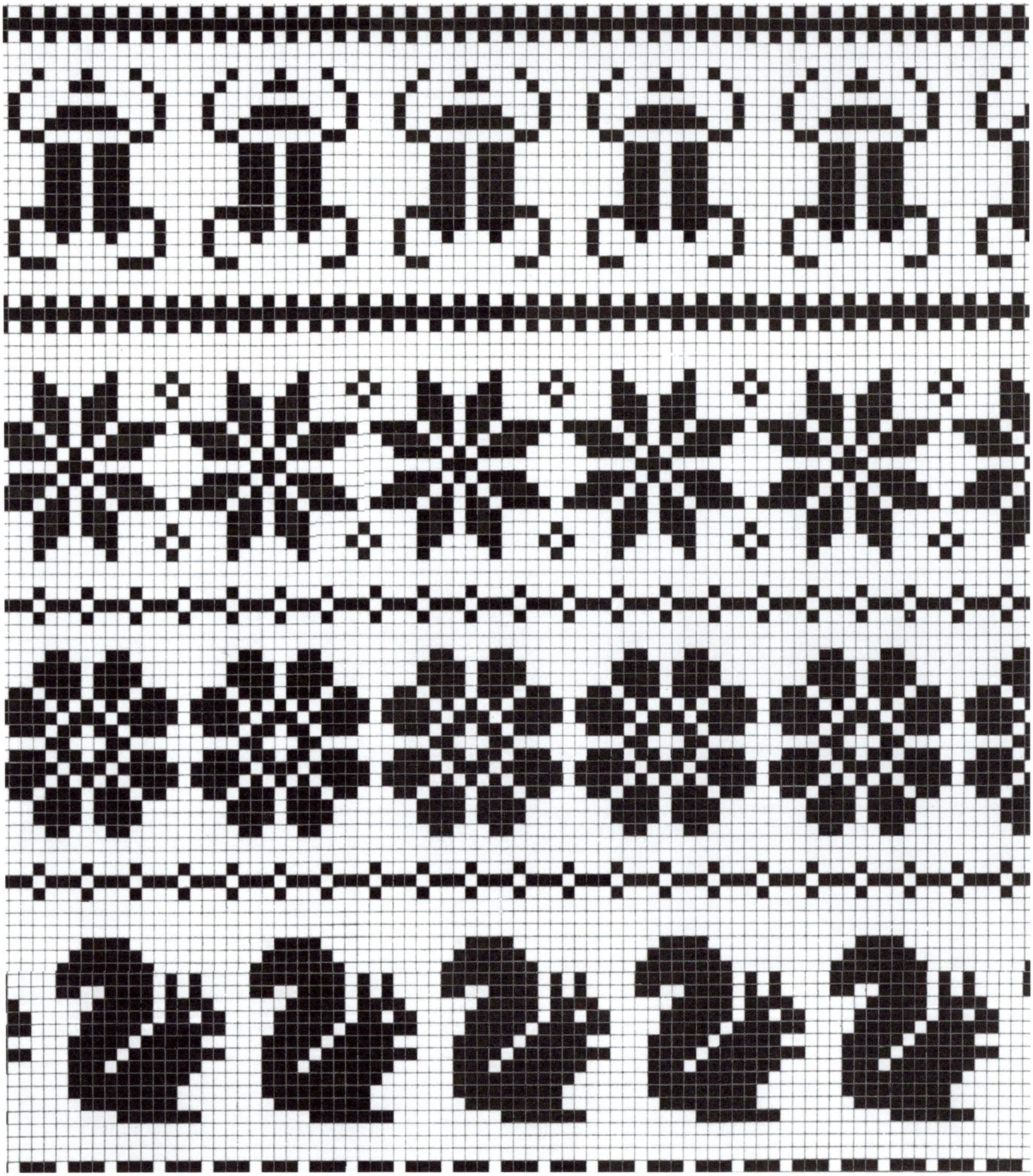

16 MASCHEN/KÄSTCHEN

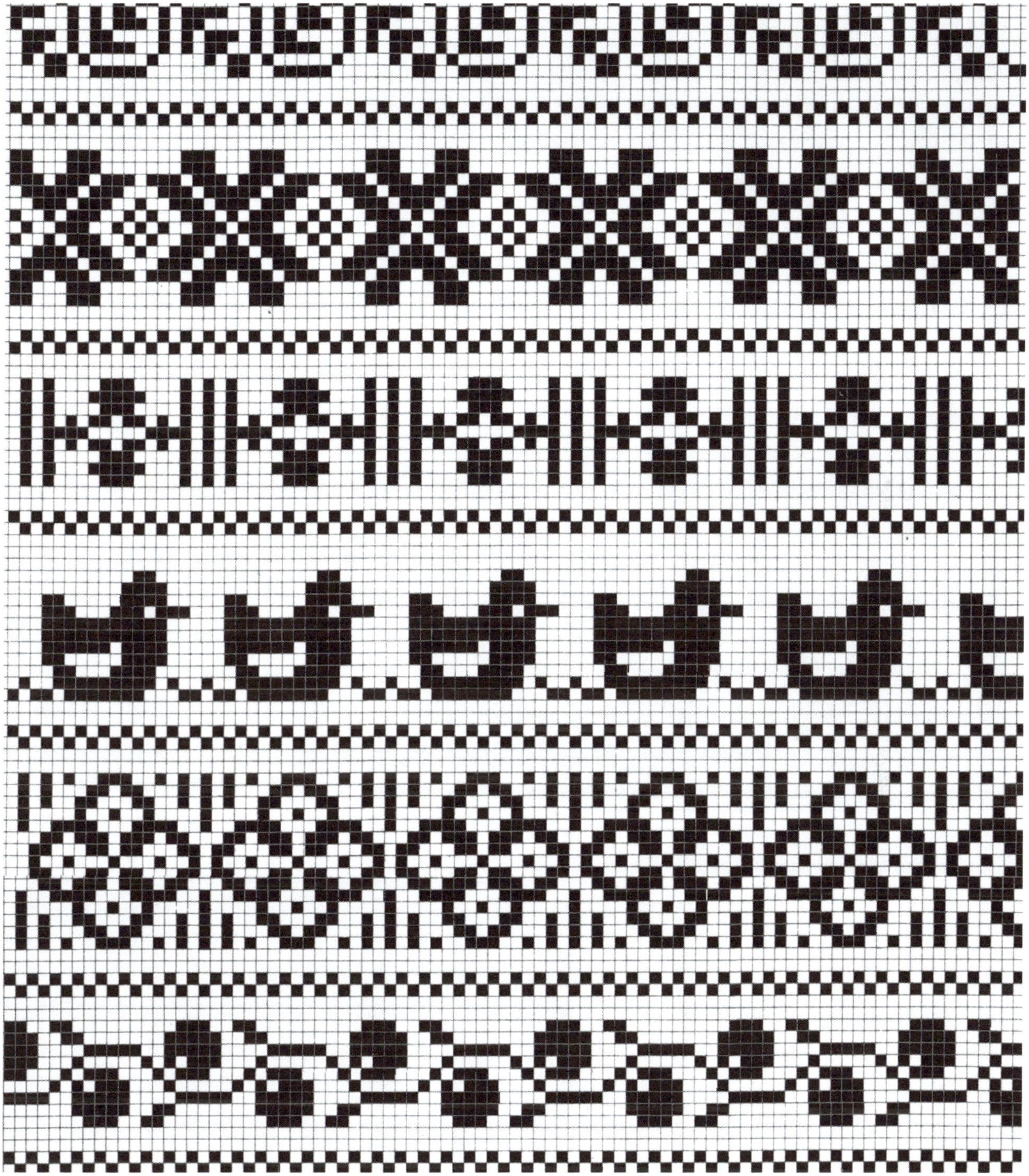

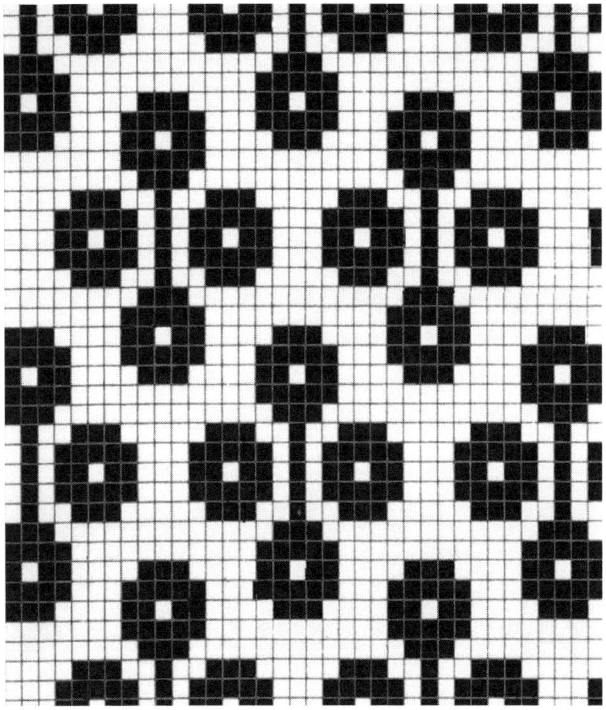

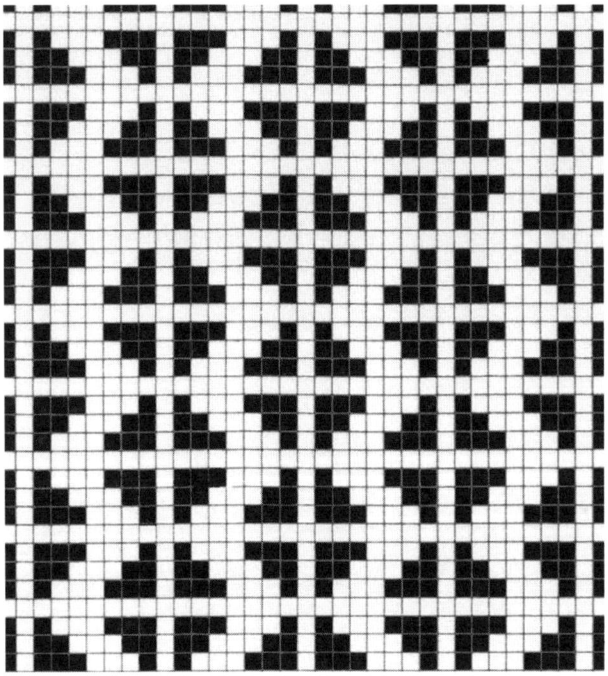

16 MASCHEN/KÄSTCHEN

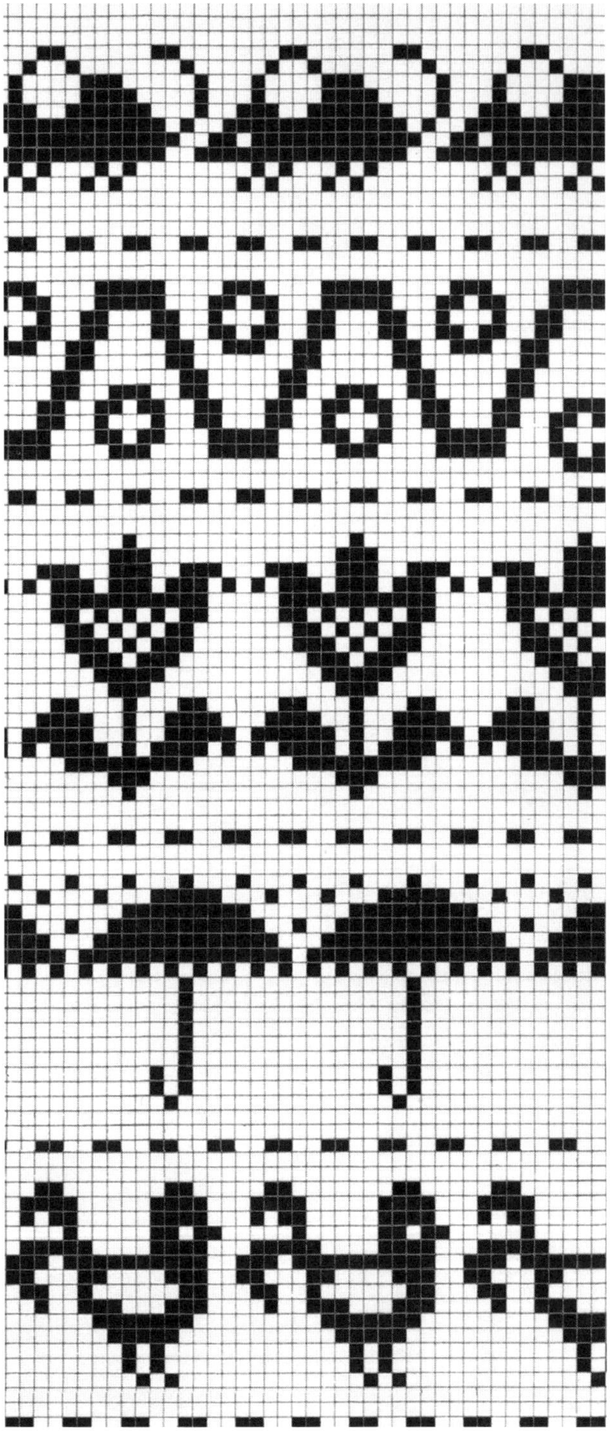

16 MASCHEN/KÄSTCHEN

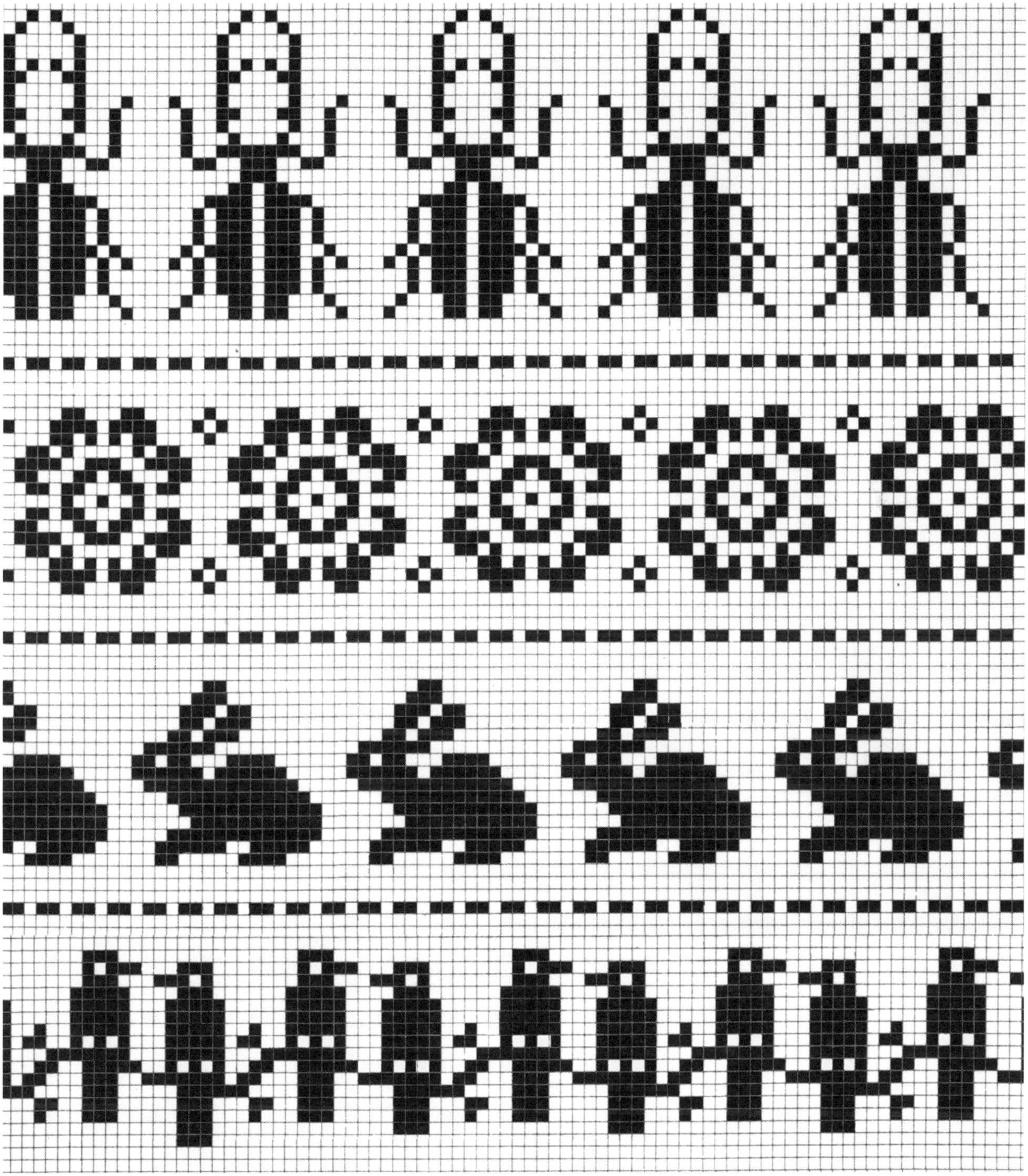

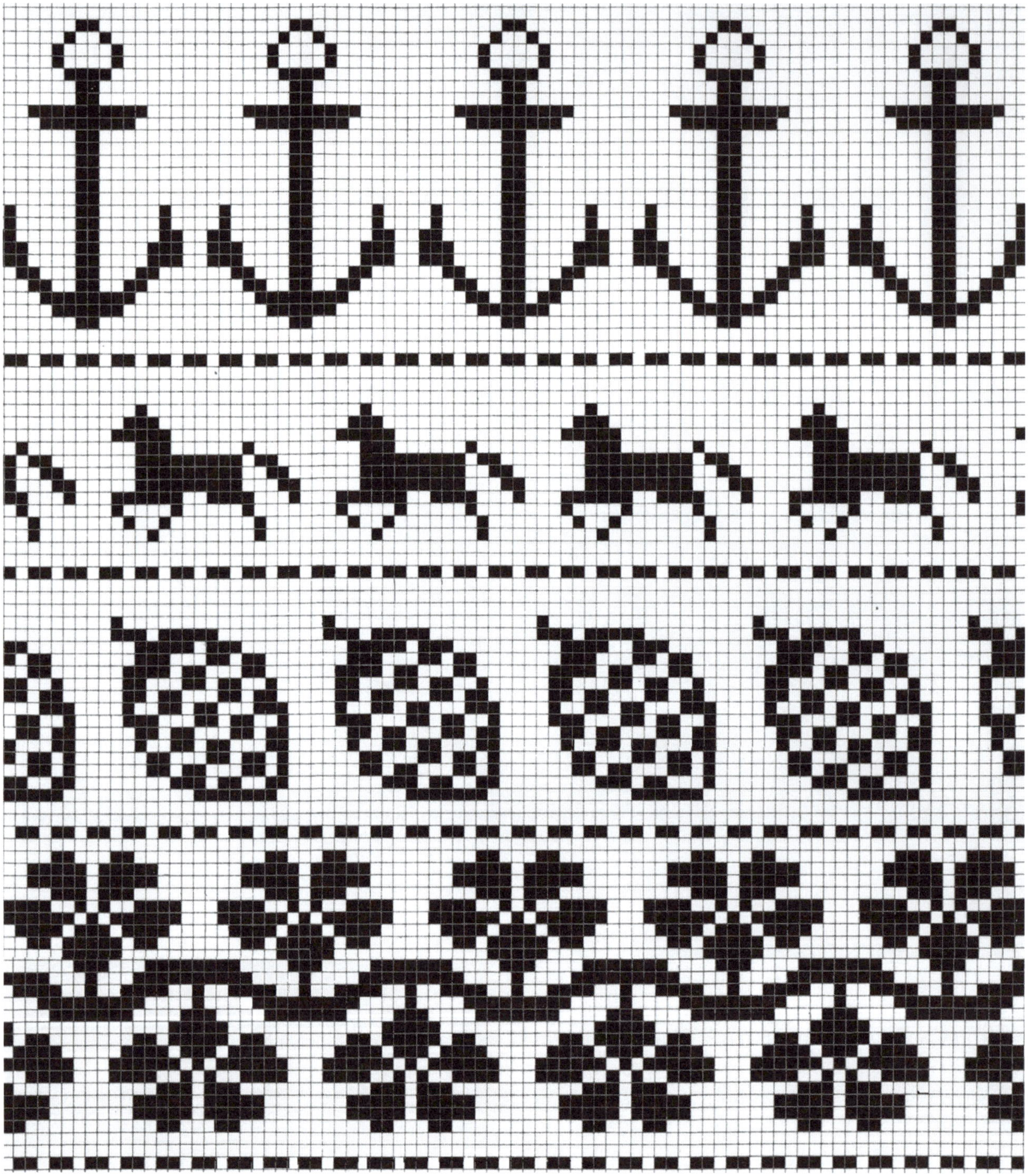

18 MASCHEN/KÄSTCHEN

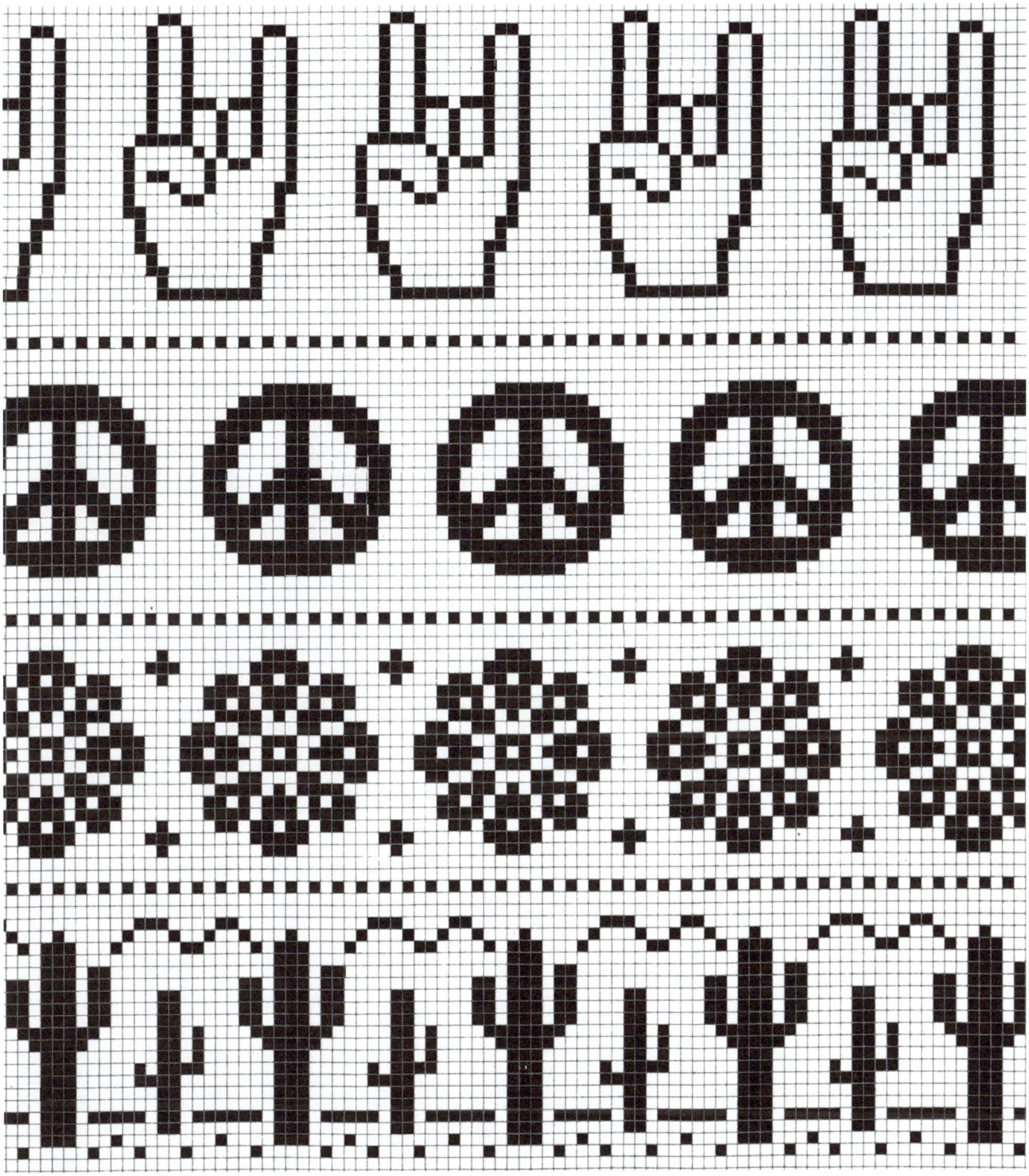

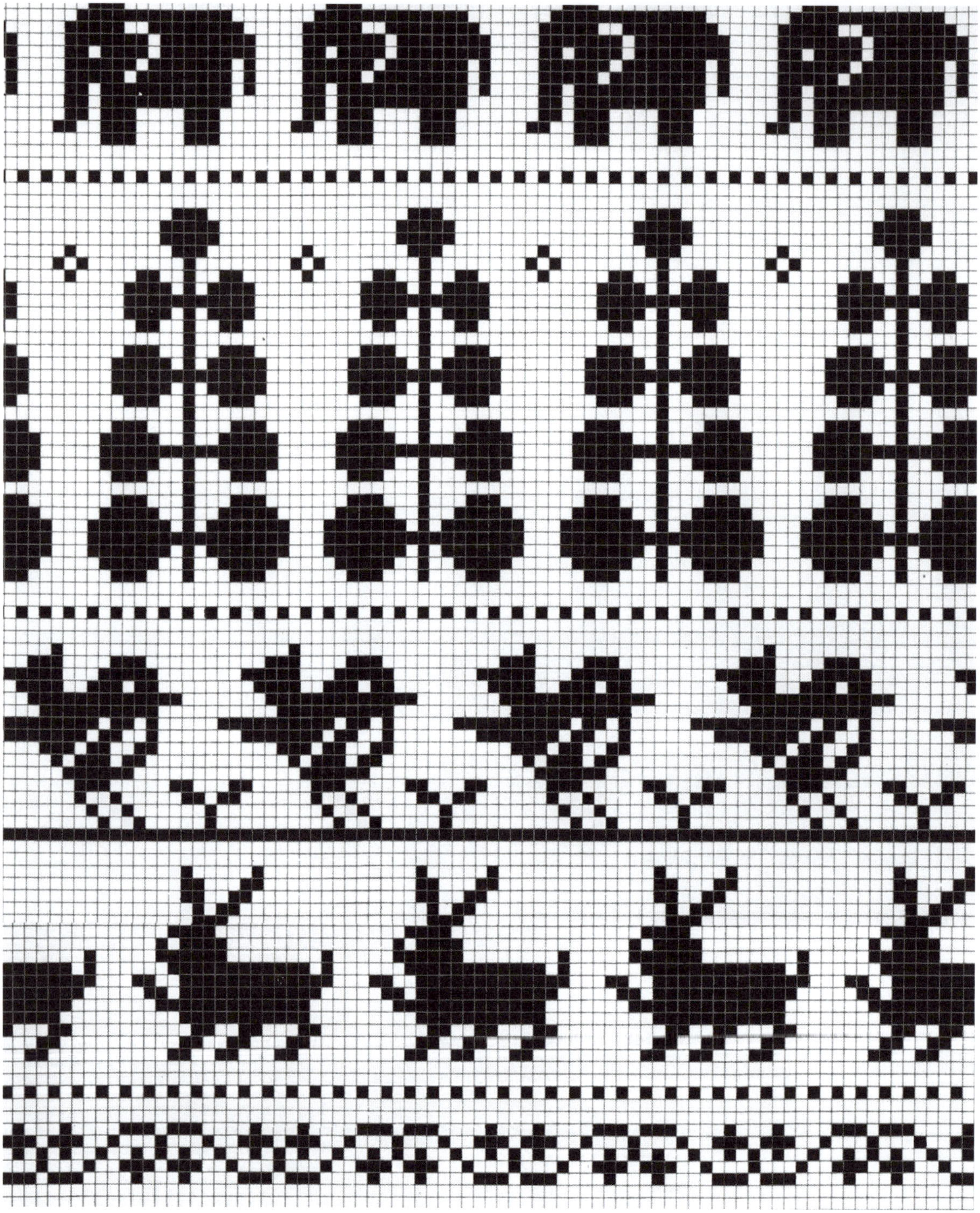

20 MASCHEN/KÄSTCHEN

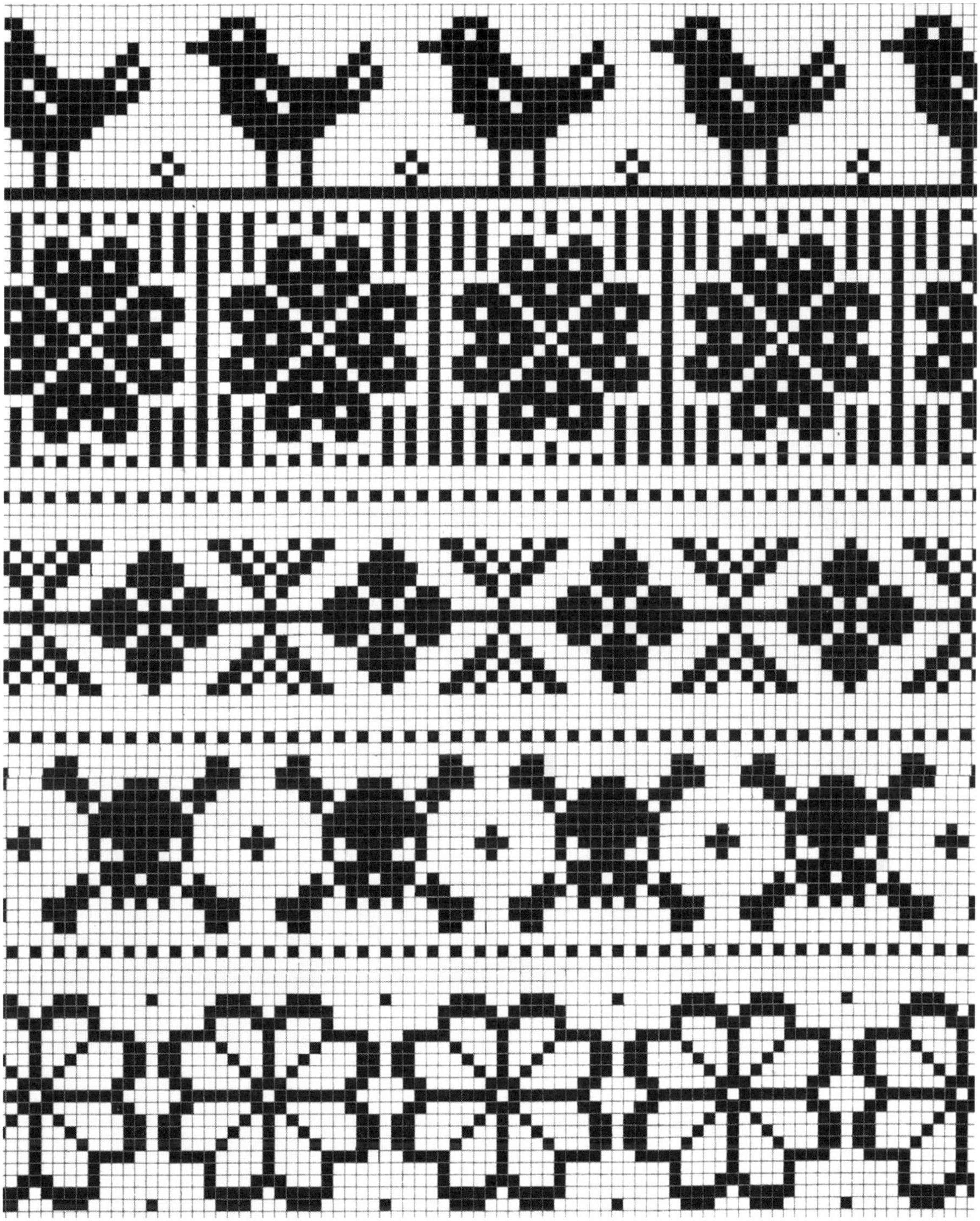

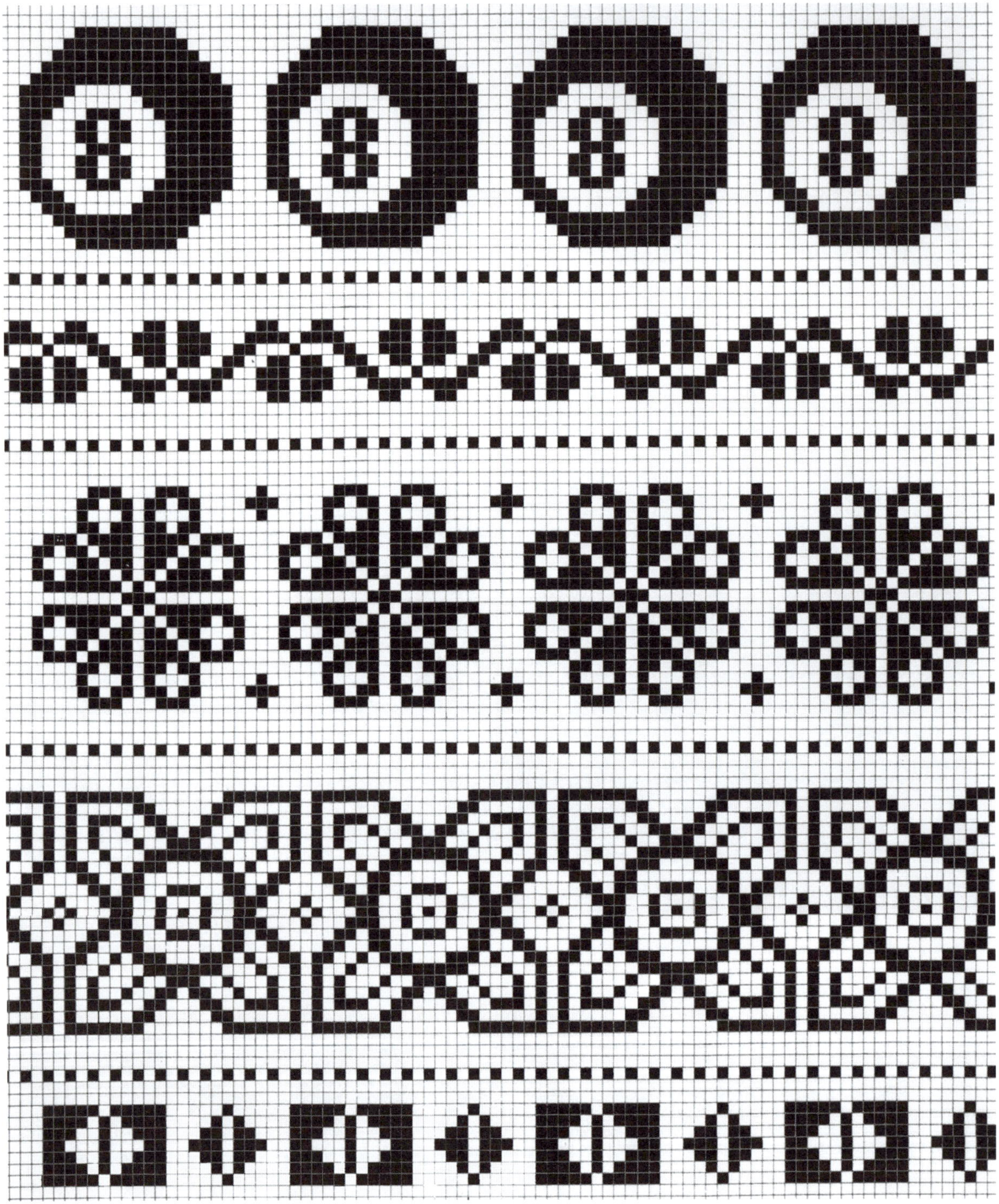

22 MASCHEN/KÄSTCHEN

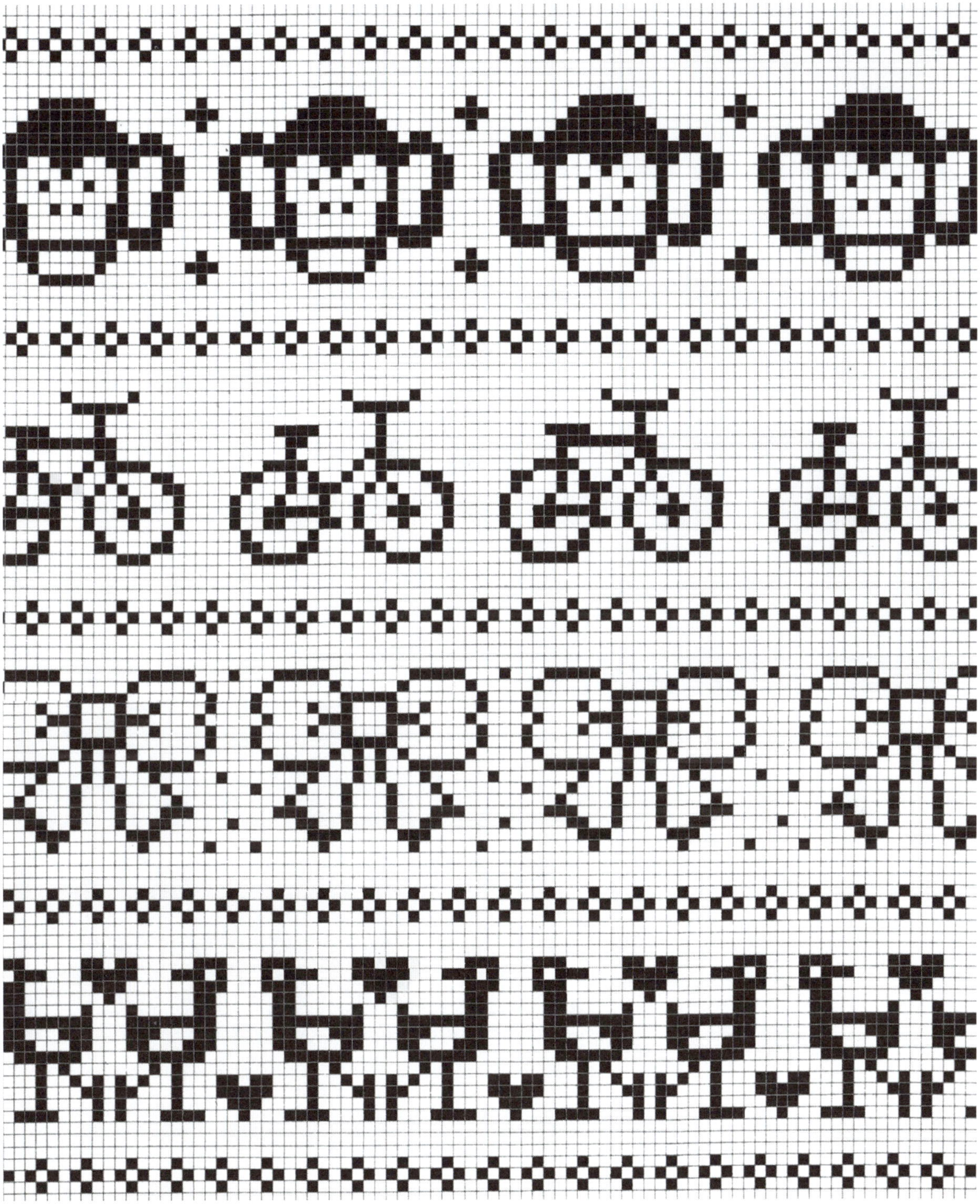

MASCHEN/KÄSTCHEN **24**

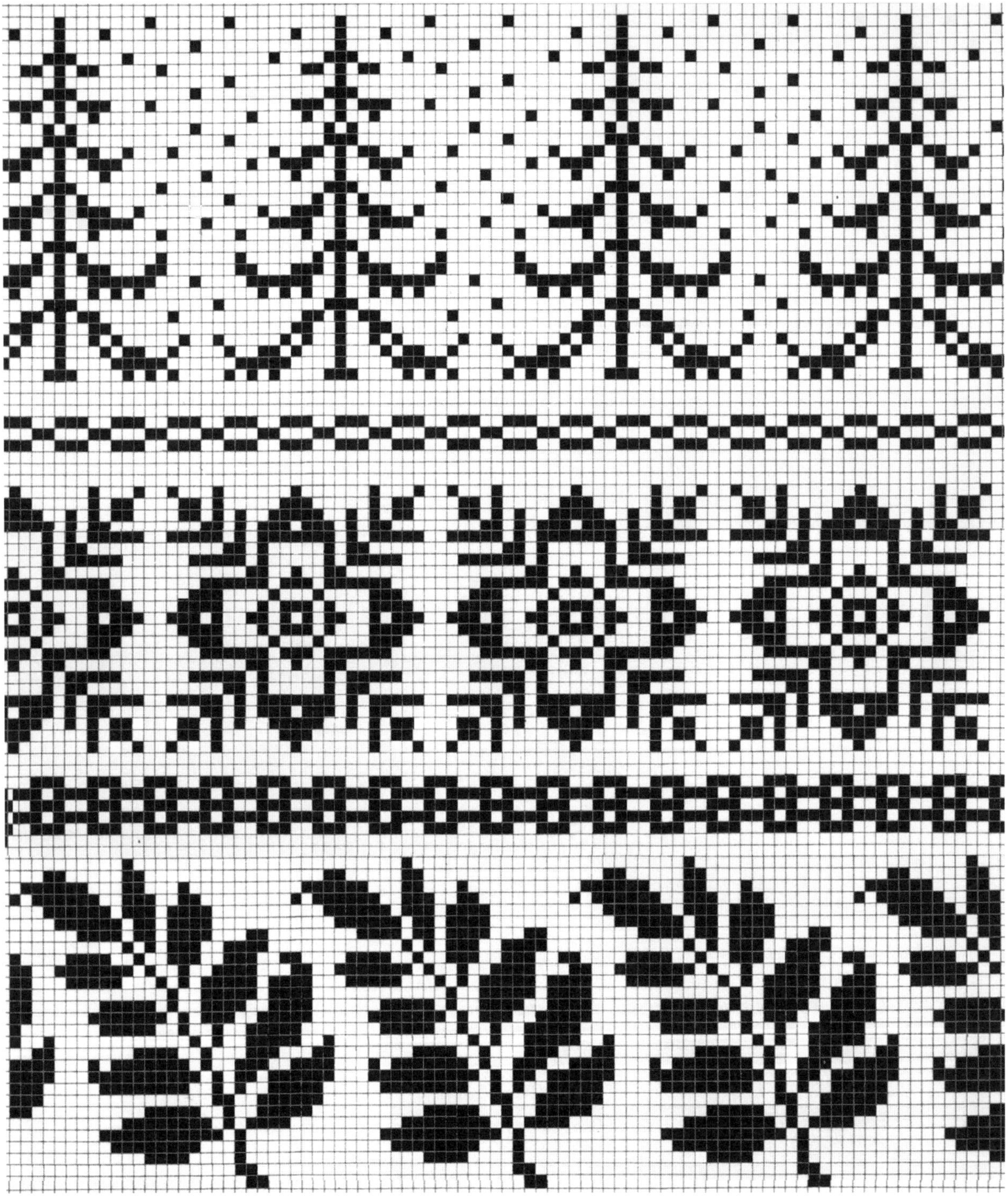

25 MASCHEN/KÄSTCHEN

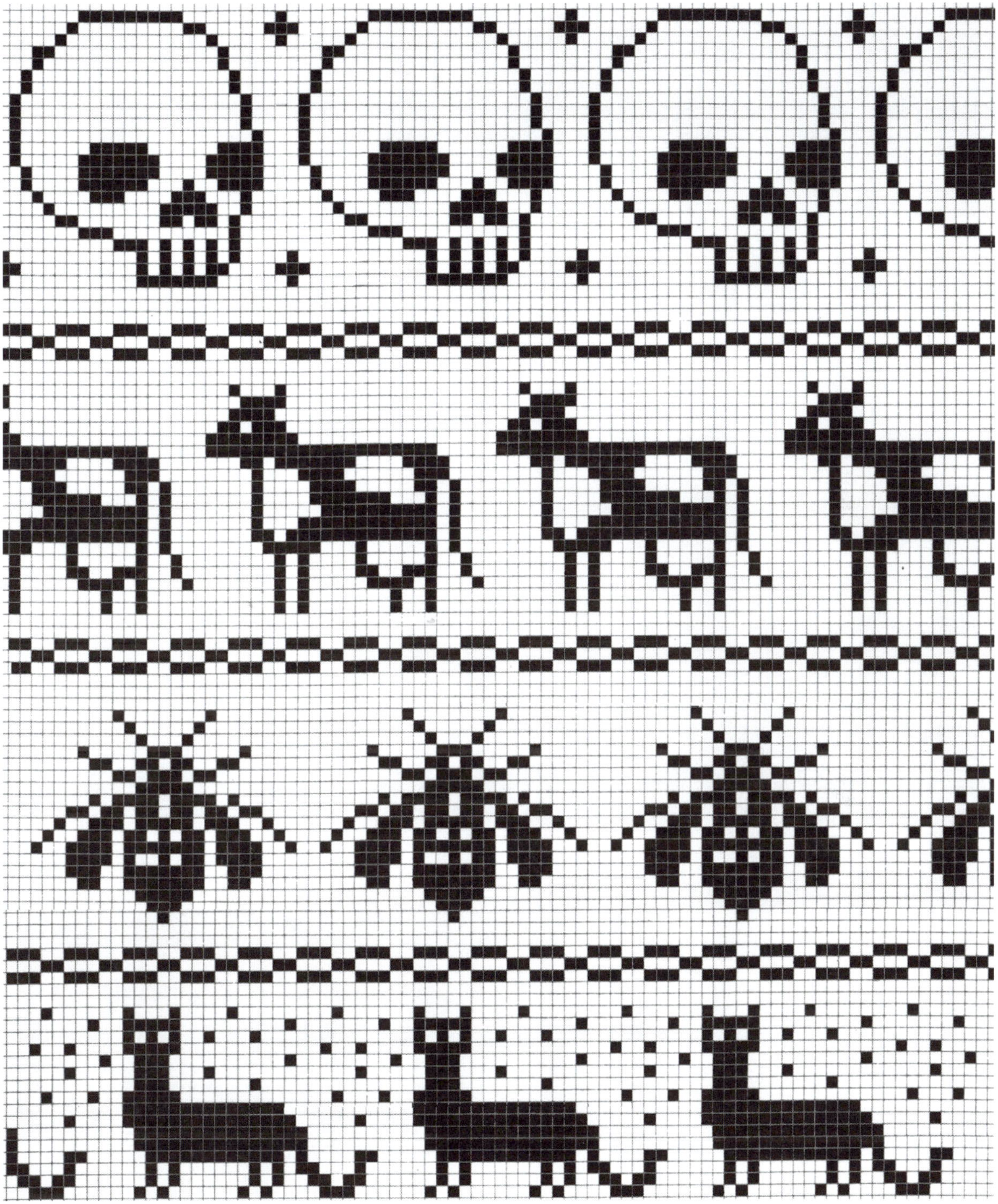

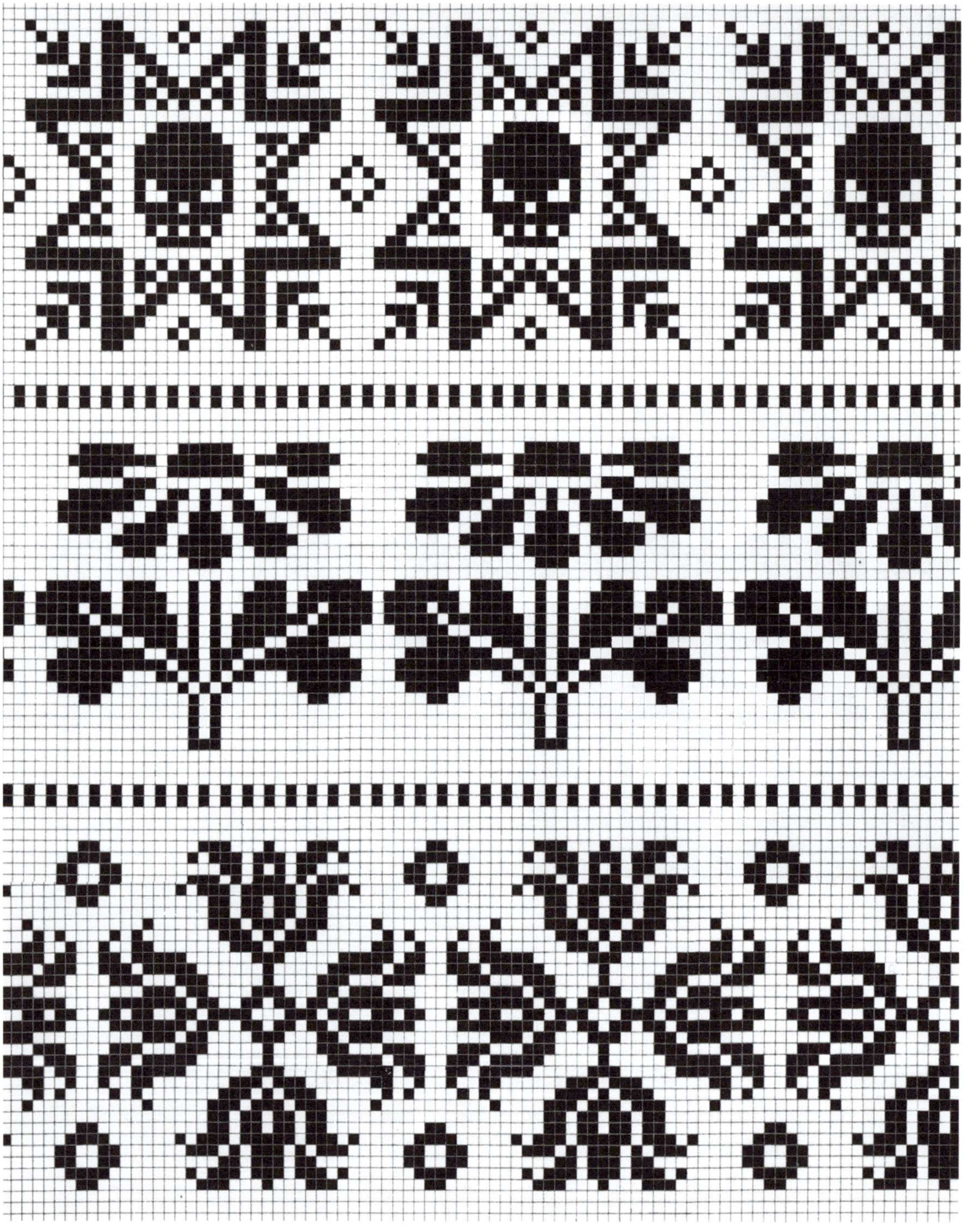

32 MASCHEN/KÄSTCHEN

Notizen

Danke

Eva Zethraeus
Camilla Engman
Björn Hellström
Monica Englund
Chelsea Nyangena
Jesper Torsson
Olga Widlund
Sigrid Langwagen
Ebba Blom
Anja Zethraeus
Klara Espmark
Fanny Kivimäki
Nisse Sjööman
Karin Agelii
Karin Berglund
Gill Marshall